中堅・中小企業の生産性向上戦略

STRATEGY FOR PRODUCTIVITY IMPROVEMENT

清文社

はしがき

　中堅・中小企業が関西経済はもちろん日本経済にとっての重要な担い手であることは言うまでもない。特に関西においては、ニッチな分野で優秀な製品、他の製品では代替できない独自性あふれる製品を生み出し高いシェアを維持・向上させている中堅・中小企業が多く存在している。中堅・中小企業のさらなる活性化がなくては関西経済の復活・興隆はありえないと言っても過言ではないだろう。我が国経済が今後も持続的成長を続けていくためには、あらゆる組織が未来への投資と弛まぬ生産性向上運動に取り組み、収益力と付加価値を高めていくことが求められる。

　当本部は、2016年に創立60周年を迎えた。『中堅・中小企業の生産性向上戦略』をタイトルとする今回の出版は、創立60周年記念事業の一環である。本書には、当本部の活動の重要な領域である個別組織への様々なテーマについての診断・指導に関して、これまで永年に亘って蓄積されてきた経験とノウハウが散りばめられている。中堅・中小企業の経営者や経営革新を推進する方々にとって必読の書と言えよう。

　今から60年前の1956年4月17日の「生産性関西地方本部」創立に当たり、「我々は、生産性向上運動が、市場の拡大、雇用の増大、実質賃金の適正化、国民生活水準の向上を究極の目標とすることを認識し、その推進のためには労使相協力すべきものとの信念に基づき、広く各界に対し正しい啓蒙宣伝活動を行い、もって本運動をして真の国民運動に盛り上げていかねばならない」と宣言した。以降、労使さらには学界の三者が一致協力して、力強く生産性運動を展開し、産業民主主義を基盤とした労使関係の近代化や欧米の最新の経営管理手法の導入など、多くの功績を残してきたと自負している。その後も、我が国を取り巻く環境が大きく変化する中、常に時代の要請に応じた活動を推進することに注力し、2006年の創立50周年においては、「企業の生産性向上から社会の

生産性向上へ」の活動方針の下、それまでの活動分野に加えて、行政や学校など公的分野における生産性向上に活動の領域を広げてきた。

　本年、創立60周年を迎えるに当たり、当本部は、個が活かされる豊かな社会を構築するという生産性運動の目的、明日は今日より昨日よりまさるという生産性の精神、そして雇用の維持・拡大、労使の協力と協議、成果の公正配分という生産性運動の三原則は、未来永劫変わらぬ普遍の原理であることを再確認した。その上に立って、当本部は、これからの活動ビジョンを「あらゆる組織の生産性向上の支援・交流機関として関西をリードする」としているが、このビジョンに込めた思いは、関西を中心とするあらゆる組織に対して、人と情報が行き交う多種多様な場を提供するとともに、組織の課題解決を支援する活動をさらに積極的に展開していきたいことである。

　本書が、日本経済をしっかりと支えている多くの中堅・中小企業にとって、弛まぬ生産性向上のヒントを与え、高い付加価値を上げ成長を続けられる一助となることを大いに期待している。

　最後に、今回の出版に当たり、たいへんなご多忙の中、執筆の労を取っていただいた大阪商業大学総合経営学部の金井一頼教授、当本部の日頃の診断・指導活動に協力いただいている日本生産性本部参与の越谷重友氏、中小企業診断士の杉村光二氏と志賀公治氏の各氏に心からのお礼を申し上げたい。特に、金井教授には、当本部の評議員並びに中堅企業経営委員会副委員長をおつとめいただいており、今回の出版プロジェクトに中心的な役割を担っていただいた。

　また、本書の刊行は清文社にお引き受けいただいた。出版の機会を与えていただいたき感謝申し上げたい。

2016年10月吉日

公益財団法人　関西生産性本部
専務理事・事務局長　　小宅　誠司

目　　次

序　章 ◆ 中堅・中小企業の生産性向上とイノベーション　1
1　我が国経済における中堅・中小企業のプレゼンス　3
2　中堅・中小企業の労働生産性の現状と動向　5
3　労働生産性向上の方法　11
4　イノベーションの類型　12
5　中堅・中小企業のイノベーションと生産性　14

第1章 ◆ 生産性向上戦略の概論　21
1　生産性の概念　23
2　生産性指標の基本　25
3　生産性向上の考え方　31
4　本章の重要なポイント　35

第2章 ◆ 生産性の向上のための経営戦略　37
1　事業展開活動の羅針盤「経営戦略」構築の視点　39
2　明日を拓く経営戦略の実践化　40
3　収益目標達成に向けた生産性の向上対策　64
4　本章の重要なポイント　68

第3章 ◆ 生産性向上のための経営管理　73
1　経営戦略を具現化する「組織管理」　75
2　組織管理と人事管理を連結する「目標管理」　80
3　組織管理に連動した仕事主義の「人事管理」　85
4　本章の重要なポイント　105

第4章 ◆ 生産性向上のためのオペレーション（製造・サービス機能編） 107

1　業務プロセス改革による生産性向上　　114
2　開発・製造プロセス改革による生産性向上　　126
3　サービスプロセス改革による生産性向上　　140
4　本章の重要なポイント　　150

第5章 ◆ 生産性向上のためのオペレーション（流通機能編） 153

1　流通業　　155
2　流通業における生産性向上とイノベーションの考え方　　159
3　社会動向と消費者の変化　　161
4　インターネットの普及と影響　　166
5　卸売業（中間流通）プロセス　　171
6　小売業（消費者販売）プロセス　　186
7　本章の重要なポイント　　200

終　章 ◆ 総　括　203

・参考文献

◆◆◆ 序　章 ◆◆◆

中堅・中小企業の生産性向上とイノベーション

1 我が国経済における中堅・中小企業のプレゼンス

　本書における中堅・中小企業とはどのような企業群を意味するのであろうか。中小企業とは、大企業に対比される用語であり、規模別に見た場合の企業の類型である。この類型では、中小企業は、一般に、資本金1億円未満、従業員299人以下の企業を指す場合が多い。これに対して中堅企業とは、上記の規模的な観点から見ると、大企業に類別され、大企業のなかでも比較的小規模な大企業を指して使用される。しかし、通常、中堅・中小企業といわれることが多く、中堅企業は大企業に近いというよりも、性質的には中小企業に近似して捉えられる場合が多い。このように、中堅企業という概念は、大企業と中小企業の間のグレーゾーンに位置する企業という意味で使われており、論者によって様々な意味合いを与えられている概念である。例えば、中堅企業の研究で有名な中村（1964）は、次の要件を中堅企業の定義としている。つまり、①資本的かつ意思決定の点から独立性を有する、②資本金が1億～10億円、③個人、同族的企業、④独自の技術を持ち、高い市場占有率をもって高収益をあげている、という要件である。

　周知のように、中小企業が我が国の経済に占める比重は非常に高い。中小企業全体では、企業数で見ると、99％以上、就業者数で見ても約70％を占め、我が国経済におけるプレゼンスの高さを示している。しかし、中小企業の経済活動の全体的プレゼンスという視点から見ると、企業数におけるプレゼンスの高さとは異なった局面を見ることができる（後藤、2014）。それは、後藤（2014）が作成した下記の図表序－1によって中小企業の企業活動の概観を観察することが可能である。

図表 序-1　各分野に占める中小企業のウエート

分野	ボリューム指数	ウエート(%)	対象時期	出所	中小企業の規模区分基準	備考
労働	人件費	47.4	2012年	総務省「経済センサス」	資本金1億円未満	給与総額、福利厚生費の合計。
労働	人件費	59.4	2012年度	財務省「法人企業統計」	資本金1億円未満	①役員給与、②役員賞与、③従業員給与、④従業員賞与、⑤福利厚生費、の合計。
売上	売上高	34.2	2012年	総務省「経済センサス」	資本金1億円未満	
売上	売上高	44.4	2012年度	財務省「法人企業統計」	資本金1億円未満	
売上	出荷額(製造業)	48.6	2012年	経済産業省「工業統計」	従業者4-299人	事業所ベース。
付加価値	付加価値額	44.0	2012年	総務省「経済センサス」	資本金1億円未満	
付加価値	付加価値額	54.0	2012年度	財務省「法人企業統計」	資本金1億円未満	
付加価値	収益(経常利益)	25.5	2012年度	財務省「法人企業統計」	資本金1億円未満	
投資	設備投資	20.5	2012年	総務省「経済センサス」	資本金1億円未満	ソフトウエア投資を含む。
投資	設備投資	34.6	2012年度	財務省「法人企業統計」	資本金1億円未満	ソフトウエア投資を含む。
投資	資本ストック	42.8	2012年度	財務省「法人企業統計」	資本金1億円未満	有形固定資産の合計。
海外	輸出	38.2	2012年度	中小企業庁「規模別輸出額・輸入額」	従業員数300人以下の事業所	(中小企業性製品+共存性製品×0.5)／輸出合計として算出した比率。各製品の定義は中小企業庁による。
海外	海外現地法人数	20.6	2012年度	経済産業省「海外事業活動基本調査」		本社の資本金額による分類。
イノベーション関連	研究開発費	2.7	2012年度	総務省「科学技術研究調査」	資本金1000万円-1億円	
イノベーション関連	特許所有件数	3.0	2012年	特許庁「知的財産活動調査」	資本金1億円未満	
金融	負債総額	42.8	2012年度末	財務省「法人企業統計」	資本金1億円未満	金融業を除く。
金融	金融機関貸出	71.4	2011年度末	商工総合研究所	商工総合研究所「商工金融」の定義に基づく。	企業向け貸出に占める割合。
企業倒産	倒産件数	98.9	2013年	中小企業庁「倒産の状況」	資本金1億円未満	
企業倒産	倒産負債総額	66.6	2013年	中小企業庁「倒産の状況」	資本金1億円未満	
税	法人税額	32.1	2012年度	国税庁「会社標本調査」	資本金1億円未満	

注：出荷額(製造業)を除き、全産業の値。
出典：表中の各資料より原著筆者作成。
出所：後藤康雄『中小企業のマクロ・パフォーマンス』日本経済新聞出版社(2014年、70頁)

図表序－1から、我が国経済に占める中小企業のパフォーマンスを概観できる。つまり、中小企業は、パフォーマンスという点から見ても、我が国経済のなかで一定のウエートを占めているが、中小企業数との比較ではプレゼンス・ギャップを指摘できるということである。例えば、中小企業の企業全体に対する比率は、売上で30％～50％、付加価値額で50％前後、経常利益で30％弱となっており、上述した中小企業の数のプレゼンスの高さと比較して大きなギャップを示している。このギャップをより詳細に見るためには、生産性を検討することが必要となる。

2 中堅・中小企業の労働生産性の現状と動向

生産性は、それ自体が企業の成果であると同時に他の成果を規定する重要な要因である。生産性は、一般に多様なインプット（労働力、資本等）に対するアウトプット（付加価値）の比として定義できる。生産性の代表的な指標としては、労働生産性と全要素生産性（ＴＦＰ）が使用されている。労働生産性は、分母にインプットとしての労働投入量を用いており、単位当たりの労働力によってどれだけの生産（付加価値）が生み出されたかを計測する指標である。これに対して、全要素生産性は、インプットとして投入労働量だけではなく、労働以外の全ての生産要素を考慮した指標である。生産性の詳細に関しては、第１章で説明されるが、ここでは中堅・中小企業の生産性の動向について概観しておくことにする。

中堅・中小企業の生産性が、我が国経済においてどのような動きを示したかを、大企業との比較において見てみることにする（中堅企業についてはデータの捕捉が困難であるので、ここでは中小企業と大企業の比較となる）。まず、赤松（2013）の調査によると、中小企業が生み出している付加価値額は、我が国産業の50％強を占めており、絶対額で見る限り、我が国経済において中小企業が大きな役割を担っていることがわかる。具体的には、2011年度の法人企業全体の純付加価値は275.1兆円で、その中で中小企業が生み出した付加価値が148.4

兆円となっており、全体の54％に相当しているのである。

　しかし、前述した我が国産業のなかでの中小企業の数的プレゼンスを考慮すると、この数字は必ずしも高いわけではないともいえる。実際に、上述した調査では中小企業の労働生産性は大企業の半分に止まっており、規模間格差は拡大する傾向があることを報告している。また、中小企業庁（2008）は、大企業と中小企業の労働生産性を業種別に比較し、全ての業種で中小企業の生産性の劣位を示している（図表序－2参照）。

図表 序－2　労働生産性の水準

（円／人時）

業種	大企業	中小企業
製造業	7,095	3,838
情報通信業	7,297	4,687
卸売業	6,114	4,026
小売業	3,421	2,638
飲食店，宿泊業	2,216	1,842
サービス業（他に分類されないもの）	7,770	3,814

資料：経済産業省「企業活動基本調査」、厚生労働省「毎月勤労統計調査」再編加工
（注）2005年度における労働時間1時間当たりの付加価値額を示している。
出所：中小企業庁「2008年版　中小企業白書」26頁

労働生産性の動きを見ると、大企業を100とした場合、中小企業の労働生産性の動きは、1980年代前半にはやや低下気味に推移した後、後半からは上昇に転じ、90年代前半には50を上回る水準に達している。しかし、後半からは格差が拡大するようになり、2000年代に入っても格差の拡大は継続し、2006年度には40.2にまで達している。リーマンショック以降の世界同時不況期には、逆に格差が縮小し2009年度は48.7、2011年度には47.8となっている。なお、粗付加価値ベースで見ると、全体の動きはあまり違いがないが、大企業の方が資本装備率が高いために、労働生産性の規模間格差は大きくなる傾向がある（例えば、粗付加価値ベースでの格差は、2006年度が35.8、2009年度は43.9である）。

　次に、労働生産性の変動要因を見てみることにする。そのために、労働生産性を分解し、売上高との関係および総資本との関係の両方から分析する。

　まず、売上高との関係から見てみると、労働生産性は、付加価値率（付加価値/売上高）と一人当たり売上高（売上高/労働力）に分解できる。赤松（2013）の調査によると、中小企業は大企業と比較して付加価値率は高く、上昇傾向にあり、労働生産性の規模間格差の要因は一人当たり売上高の違いにあるとされている。

　次に、労働生産性を総資本との関係で考察すると、労働生産性は資本生産性（付加価値/総資本）と資本装備率（総資本/労働力）に分解可能であり、赤松（2013）の報告では、中小企業は資本生産性が高いが、資本装備率において大企業より劣っており、労働生産性の規模間格差の原因となっていることが示されている。この点は、中小企業庁（2008）の『2008年版中小企業白書』が提示している図表序－3および図表序－4からも明らかである。

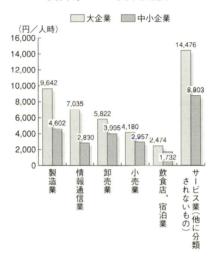

図表 序-3 資本装備率

資料：経済産業省「企業活動基本調査」、厚生労働省「毎月勤労統計調査」再編加工
（注）2005年度における労働時間1時間当たりの有形固定資産残高を示している。
出所：中小企業庁「2008年版　中小企業白書」27頁

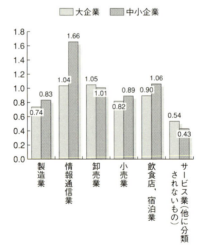

図表 序-4 資本生産性

資料：経済産業省「企業活動基本調査」再編加工
（注）2005年度における付加価値額を有形固定資産残高で除している。
出所：中小企業庁「2008年版　中小企業白書」27頁

労働生産性を全要素生産性との関係で示すと、次のようになる。

労働生産性の伸び率
＝全要素生産性の伸び率＋資本分配率×資本装備率の伸び率

このことから、労働生産性は全要素生産性の上昇と資本装備率の上昇によって向上することができることが理解できる。さて、中小企業の全要素生産性はどのように変化してきたのであろうか。

図表序－5で示した全要素生産性の動き（付加価値や資本をＧＤＰデフレーターで実質化した実質ベース）を見ると、1975年を100とした場合、大企業が上下動を繰り返しながらもリーマンショック前の2007年度には149.8まで上昇したが2009年度には124.9と下降し1980年代前半の水準となり、2011年度も129.8と足踏み状態にある。これに対して、中小企業は1980年代後半から1992年度まで上昇したが、その後は横ばいからやや低下傾向を示すようになり大企業との格差は大きく拡大し、リーマンショックによって大企業の全要素生産性が大きく下落したことにより格差は大幅に縮小したが、生産性の上昇はピーク時と同程度

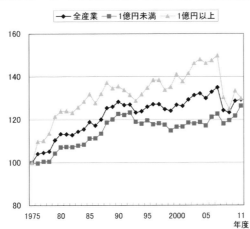

図表 序－5　全要素生産性（実質、資本金規模別）

（資料）財務省　財務総合政策研究所「法人企業統計年報」ほか
（注）1975年度＝100
出典：商工総合研究所　平成24年度調査研究事業報告書「中小企業の収益力と生産性の動向」（2015）40頁

に止まっている。

　以上のことから、大企業に比較して中小企業は全要素生産性、資本装備率においてギャップが存在し、そのことが労働生産性の格差を生んでいると指摘することができる。中小企業庁（2008）によると、2003年度から2005年度にかけての労働生産性の伸び率に関して、全要素生産性と資本装備率の寄与を比較すると、資本装備率に比較して全要素生産性の寄与が大きかったことが示されている（図表序－6参照）。

　ただ、上述した中小企業の特徴はあくまでも全般的なものであり、中小企業の多様性を考慮するならば、労働生産性に関しても中小企業のなかでかなりのばらつきがあることが考えられる。この点を明らかにしているのが、青山他（2012）の研究である。彼らの研究によると、企業を高労働生産性企業と低労

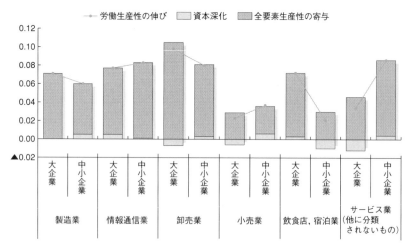

図表 序－6　労働生産性の伸びの分解（不可価値額と労働投入量）

資料：経済産業省「企業活動基本調査」、中小企業庁「中小企業実態基本調査」、厚生労働省「毎月勤労統計調査」再編加工
（注）1．2003年度から2005年度にかけての労働生産性の伸び率（2005年度の労働生産性／2003年度の労働生産性）を対数表示している。
　　　2．各産業の労働生産性の伸び率は、各企業の労働生産性の伸び率を対数にて算出し、これを企業数で算術平均して求めている。なお、労働生産性の伸び率の算出については、付注2－1－6参照。
出所：中小企業庁「2008年版　中小企業白書」30頁

働生産性企業に類型化した場合[1]、製造業で大企業の高生産性企業が0.68%（618／8,437社）であるのに対して中小企業では0.55%（561／101,419社）、非製造業においては高生産性大企業が0.72%（77／10,653社）に対して高生産中小企業は0.59%（2,143／361,269社）であり、高生産性企業の出現確率で見ると中小企業は大企業に比較して幾分落差があるが、統計的に有意味な落差ではないと主張している。

3 労働生産性向上の方法

　上述したことから明らかなように、中堅・中小企業が労働生産性を向上していくためには、資本装備率を高めるか全要素生産性を上昇させるかである。中堅・中小企業は、大企業に比較して資本装備率が低水準にとどまっているので、資本装備率を高め、労働生産性を向上させる余地は大いにあると考えられる。青山他（2012）によると、製造業における高労働生産性中小企業は、低労働生産性中小企業に比べて約1桁高い資本装備率（対応する大企業との比較では平均値で0.59倍、中央値で0.72倍に資本装備率を抑えている）を有しており、非製造業では労働生産性を高めるために約2桁も資本装備率（対応する大企業と比較して平均値で1.51倍、中央値で2.00倍の高い資本装備率である）を高めていると指摘している。しかし、過度の資本装備率の上昇を通じた労働生産性の向上は、資本生産性を低下させ、資本の機動的運営という中堅・中小企業の特徴を喪失させ、重い財務負担をもたらすという逆機能を惹起する可能性があることに留意すべきである。

　次に、労働生産性を向上させるもう一つの方法である全要素生産性について説明する。戸堂（2010）は、全要素生産性とは資本や労働の投入量が同じであるとき、どれくらい生産できるかを表す指標であり、これによって技術レベルを推計することができると述べている。例えば、同じだけの機械、設備、労働力を使ってA（国、企業）がBの2倍の量を生産できるならば、Aの全要素生産性はBの2倍で、よってAの技術レベルもBの2倍と考えられる。したがっ

て、全要素生産性を向上させるには、技術レベルの上昇、つまりイノベーションの創出が必要となるのである。なお、ここでいうイノベーションとは、後で詳しく説明するように、シュンペーターの新結合と同様に、単に技術的なものにとどまらず経営的なものも含んでいることに注意する必要がある。

長岡（2011）によると、労働生産性の伸びをもたらす全要素生産性の伸びは、第1にイノベーション、第2に技術機会や市場動向等の環境に対応して企業経営を適応させる、第3に景気の拡大による需要の増大、によってもたらされるとしている。つまり、全要素生産性は、潜在的にはイノベーションによって増大するが、それは市場の需要と結びついて初めて実現することを意味している。

このように、中小企業が労働生産性を高めていくためには、資本装備率を高めるとともにイノベーションと経営の環境への迅速な適応を通じた全要素生産性の向上を通じて実現していく必要がある。

4　イノベーションの類型

上述のように、全要素生産性の増大による労働生産性の向上にはイノベーションが大きなカギとなることが理解できた。そこで、ここでは、イノベーションの類型について説明することにする。

周知のように、経済発展の源泉を新結合（イノベーション）に求めたシュンペーター（1964）は、次のような5つのイノベーションの類型を提示している。
①新しい財貨の生産
②新しい生産方法の導入
③新しい販路の開拓
④原料あるいは半製品の新しい供給源の獲得
⑤新しい組織の実現

シュンペーターのイノベーションの類型は、経済学をベースとしたものであるので、この類型を参考に企業経営に即したイノベーションの類型を考えてみ

ると次のようなイノベーションの類型化が可能である。
　①新しい製品やサービスの開発
　②新しいプロセスの導入
　③新しい組織の実現
　④新しい人事の導入
　⑤新しい経営戦略の導入
　⑥ビジネスモデル・イノベーション

　第１の新しい製品やサービスの開発というイノベーションは、既存の事業のなかで生じる場合もあれば、新しい経営戦略の導入である多角化戦略のなかで行われる場合もある。例えば、調味料メーカーが、既存の調味料とは異なった新たな調味料を開発するケースが前者であり、調味料の他に新たに食品事業に進出し、新製品を開発する場合が後者のケースである。第２の新しいプロセスのイノベーションは、生産プロセスばかりではなく流通、サービス等の多様なプロセスにおいて創出される変革を意味している。第３の新しい組織のイノベーションとは、社内ベンチャー制を採用するとか、ピラミッド型組織からネットワーク型組織への変更等の組織に関わる新たな変化を指している。第４の人事のイノベーションは、人事制度の変更、教育訓練システムの改変等、人事に関わる新しい変化を意味している。第５の経営戦略のイノベーションは、成長戦略の変更（多角化、国際化等）、競争戦略の変化、資源配分メカニズムの変更等、企業戦略や事業戦略の変革のことである。最後が、近年、顕著となっているビジネスモデルや事業の仕組みの変革である。ビジネスモデルとは、顧客価値を創造、実現し、利益を上げるための事業の仕組みと定義できる（西野、2015）。つまり、ビジネスモデルは、事業システムと利益モデルによって構成されているのである。最近、ＩＣＴの進展とともにビジネスモデルのイノベーションが注目を集めてきている。

5　中堅・中小企業のイノベーションと生産性

　中堅・中小企業は、どのようにしてイノベーションを創出し、生産性の向上に結びつけているのであろうか。

　新製品や新サービスのイノベーションを通じて生産性を向上させるためには、徹底的に顧客に密着し、顧客が価値あると感じる製品やサービスを開発し、提供していくことが重要である。中堅・中小企業は、大企業と比較し、市場の幅が狭く、顧客に密着しやすい特徴を有している。したがって、顧客密着型の価値ある製品、サービスの開発というイノベーションを通じた生産性の向上は、中堅・中小企業が有利な立場にあると考えられる。このようなやり方でベンチャーから大企業へと急速な成長を遂げた象徴的な企業がキーエンスである。当社は、顧客の現場に入り込み、顧客が製造現場で困っている問題を解決する製品を、他社に先んじて標準品として開発、提供することで顧客の支持を獲得してきた。

　また、2003年創業のベンチャー企業であるバルミューダは、成熟産業である家電業界において、快適な生活に役立つ高度な機能とシンプルなデザインの家電を開発し、急成長（2009年売上高：4,500万円 vs. 2013年の売上高：22億7,300万円）を実現している。当社は、プレミアム消費者と呼ぶ顧客向けに、上述した特徴を持つ製品を開発し、顧客を惹きつけている。例えば、当社を一躍有名にしたGreenFan（2010年発売）という扇風機の価格は、3万円以上という高額にも関らず、好評を博している（守山久子・日経デザイン、2015）。

　生産や流通プロセスを変化させることで生産性が向上できることはイメージしやすい。

　図表序－7で示したポーター（1985）の価値連鎖から明らかなように、プロセスのイノベーションとは価値を創造するプロセス（価値連鎖）が変化して、同じ投入量で既存のプロセスよりもより多くの価値を創造できることを意味している。特に、近年のICTの急速な発展はこのようなプロセス・イノベーションによる生産性の向上を促進している。例えば、中堅・中小企業にとっては、

図表 序-7　価値連鎖の基本形

▶コストではなく、顧客が対価を支払う価値に基づいて競争状況を分析する。
出所：ポーター（1985）、土岐坤・中辻萬治・小野寺武夫訳「競走優位の戦略」ダイヤモンド社（1985年、49頁）

　資源的制約から市場を広範に拡大することに困難が伴っていたが、ICTの発展による電子商取引によって資源的制約を超えて広範な市場に展開が可能になり、労働生産性の上昇が期待できる。中小企業庁（2008）は、労働生産性が高い企業ほど電子商取引を実施している企業の割合が多いことを示している（図表序-8参照）。

　組織のイノベーションにおける注目すべき現象は、企業のネットワーク化である。戦略的連携を通じたネットワーク組織の形成によって、中堅・中小企業は、資源的制約を超えて経営を行うことができるようになるとともに、資源を分散させることなく独自能力に集中させることができ、生産性の向上を促すことが可能になる。世界的に見て優位性のある地域の一つであるシリコンバレーは、組織間（特に、ベンチャー企業）のネットワークをベースとした産業システムによって特徴づけられていることで知られている。最近のプロセスのイノ

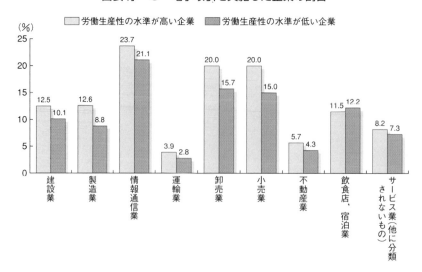

図表 序-8　電子取引を実施した企業の割合

資料：中小企業庁「中小企業実態基本調査」、厚生労働省「毎月勤労統計調査」再編加工
（注）2006年度の事業活動において、電子商取引（インターネット等を通じた商取引）を実施した中小企業の割合を示している。
出所：中小企業庁「2008年版　中小企業白書」33頁

ベーションは、組織のイノベーションと結びつき、ネットワーク組織の形成へと向かっている。しかも、ICTの発展により、ネットワーク組織は国内を越えて、海外にまで展開を見せている。企業のネットワーク化のなかで最近の注目すべき現象は、プラットフォームを媒介にしたネットワーク化である。ベンチャー企業である楽天は、このようなプラットフォームを活用したネットワーク組織の典型例である。

　人事のイノベーションは、人的資源の能力を高めることによって生産性の増大に貢献することが可能である。投入労働量が同じであっても、人的資源の能力が高まることによって、より大きな付加価値を創造することができるようになるからである。特に、大企業に比較して資本装備率の低い中堅・中小企業は、人材育成による人的資源の能力の向上によって生産性を向上させていくことも重要な要件である。大企業が資本を通じての生産性向上に特徴があるとするならば、中堅・中小企業は「ヒトを通じての生産性」向上に大きな強みを有して

いるといえる。例えば、人事や組織のイノベーションを通じて、「もっとワクワク」「もっと生き生き」する状況を創り出すことで生産性をあげることも必要である。

　戦略のイノベーションによっても生産性を向上することができる。戦略のイノベーションにはドメインの転換、新たな成長戦略の採用、競争戦略の変更など様々なイノベーションが存在するが、近年、中堅・中小企業の生産性との関係で注目されているのがグローバル戦略である。グローバル化と生産性との関係のなかで、中小企業庁（2008）は、輸出企業や海外展開企業（海外に子会社や関連会社を設置）の方が非輸出企業や非海外展開企業よりも生産性が高いことを指摘している（図表序－9および図表序－10参照）。

　また、戸堂（2010）も平均的に見ると、グローバル中小企業の方が、非グローバル中小企業よりも生産性が高いと主張しつつ、非グローバル企業のなかにもグローバル企業よりも生産性が高い企業が一定程度存在していることを認めている。彼はこのような企業を「臥龍企業」と呼んでいる。なお、以上の結果は、中小企業がグローバル化することが生産性を向上させているのか、あるいは逆に生産性の高い中小企業がグローバル化に取り組むのかについての因果関係を明らかにしてはいないが、戸堂（2011）は輸出が企業の生産性成長率を平均で2％程度上昇させ、海外直接投資も生産性成長率を平均2％上げることを指摘している。なお、臥龍企業がグローバル化しない理由は、海外展開の必要性を感じていなく、海外に関する情報が欠如し、経営者のリスク回避の傾向が強いという特徴があると述べている。

　最後に、ビジネスモデル・イノベーションについて考えてみることにする。最近、ヤマト運輸、アスクル、楽天、ユニクロ、外国企業でもデル、アマゾン、サウスウエスト航空等、新たなビジネスモデルを創造することによって成長している企業、特にベンチャー企業が注目を集めている。ビジネスモデルは、モノ、情報、カネ等の資源の流れを規定し、生産性に大きな影響を及ぼすことができる。したがって、ビジネスモデルのイノベーションによって、ヒトの活動の変化が生じ、モノ、情報、カネの流れが変わり、生産性が大きく変化することが期待できるのである。ベンチャー企業は、新たなビジネスモデルを創造す

図表 序-9　中小企業の輸出有無別労働生産性（2005年度）

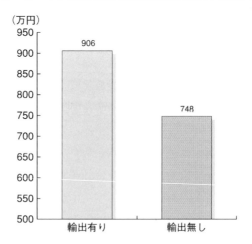

資料：経済産業省「企業活動基本調査」再編加工
（注）1．分析結果については、付注2-4-2参照。
　　　2．ここでの労働生産性は、従業者1人あたりの年間の付加価値額を指す。
出所：中小企業庁「2008年版　中小企業白書」116頁

図表 序-10　海外展開有無別の中小企業の労働生産性（2005年度）

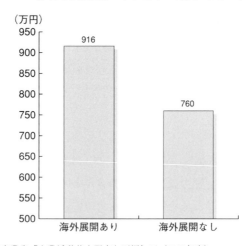

資料：経済産業省「企業活動基本調査」再編加工（2005年度）
（注）1．分析結果については、付注2-4-2参照。
　　　2．ここでの労働生産性は、従業員1人当たりの年間の付加価値額を指す。
出所：中小企業庁「2008年版　中小企業白書」124頁

ることで、既存企業に対して競争優位性を獲得し、成長を遂げることが可能である。中堅・中小企業も、既存のビジネスモデルが成熟化し、事業が長期にわたって停滞するようであるならば、ビジネスモデルの変革を考えることが必要になる。ヤマト運輸、アートコーポレーション、ミスミ、アスクル等は、既存のビジネスモデルを変革することによって発展した中堅・中小企業である。

［注］
（1） 高生産企業と低生産企業を区別する労働生産性値は、製造業で約3,000万円／年／人、非製造業で約6,000万円／年／人である。

第 1 章

生産性向上戦略の概論

1 生産性の概念

1 生産性とは

　「生産性」とは、投入と産出の比率である。投入に対して産出の割合が大きいほど生産性が高いということである。ただし、投入の種類、産出の種類は多様であり、その組み合わせにより各種の生産性の種類がある（図表1－1参照）。

図表1－1　生産性の主な種類

	物量表示	付加価値表示
労働	物的労働生産性＝生産量／労働量	付加価値労働生産性＝付加価値額／労働量
資本	物的資本生産性＝生産量／設備等の資本ストック量	付加価値資本生産性＝付加価値額／設備等の資本ストック量
エネルギー（原材料）	物的エネルギー（原材料）生産性＝生産量／エネルギー（原材料）	付加価値エネルギー生産性＝付加価値額／エネルギー（原材料）
生産要素すべて	物的全要素生産性＝生産量／（労働＋資本＋原材料）合成投入量	付加価値全要素生産性＝付加価値額／（労働＋資本）合成投入量

出所：日本生産性本部編「生産性革新と社会経済の未来」日本生産性本部生産性労働情報センター（2012年、9頁）

　一般的な生産性の公式は以下の通りである。
- 「生産性」＝「産出（Output）」／「投入（Input）」

　生産性の特徴として、具体的な数値尺度をもって、何らかの形で測れる、他社と比較することができるという点があげられる。生産性の結果を測定でき、比較できるということは、生産性の成果を評価し、配分するうえでは必須の条件であり、だからこそ有用であるといえる。生産性を測定して分析する場合、

「産出（Output）」には、「付加価値額」を使用し、「投入（Input）」には「従業員数」、「有形固定資産」、「総資本」などを使用する。まずは、各生産性指標を測定するために「産出（Output）」として共通に使用される「付加価値額」についての基本を確認しておくこととする。

2　「付加価値額」の測定方法

生産性の指標としての付加価値の金額（付加価値額）を測定する方法は、次のとおり多岐にわたる。

①日本生産性本部
　　付加価値額＝純売上高－｛（原材料費＋支払経費＋減価償却費）＋期首棚卸額
　　　　　　　　－期末棚卸額±付加価値調整額｝
②日本銀行
　　付加価値額＝経常利益＋人件費＋金融費用＋賃借料＋租税公課＋減価償却費
③財務省（法人企業統計調査）
　　付加価値額＝営業純益（営業利益－支払利息等）＋役員給与＋役員賞与＋従
　　　　　　　　業員給与＋従業員賞与＋福利厚生費＋支払利息等＋動産・不動
　　　　　　　　産賃借料＋租税公課（平成19年度調査以降）
④中小企業庁（中小企業の財務指標）
　　付加価値額＝労務費＋減価償却費（以上、売上原価）＋人件費＋地代家賃＋
　　　　　　　　減価償却費＋従業員教育費＋租税公課（以上、販売管理費）＋
　　　　　　　　支払利息・割引料＋経常利益
⑤中小企業庁（中小企業新事業活動促進法の経営革新計画で使用）
　　付加価値額＝営業利益＋人件費＋減価償却費

　上記のなかで、統計としての信頼性や継続性があり、主要な生産性指標についての業種別に比較が可能であるのが、③財務省（法人企業統計調査）の生産性指標である。実務的で簡便なのが、⑤中小企業庁の中小企業新事業活動促進

法に基づく経営革新計画の承認条件で使用している付加価値額の算式である。⑤中小企業庁の簡便法は、自社内で付加価値額の推移や分配のルールを決めるうえで理解しやすいため、賃金、賞与に関する分配議論で実務的に使用するのに適している。

2　生産性指標の基本

1　生産性指標の把握

付加価値額をある算式で測定することができれば、生産性の公式の分子となる産出が金額として明確になり、生産性を分析することができる。生産性が良好なのかどうか、良い方向に推移しているのかどうか、業界平均や競合他社と比べてどうかなど、更に考察を深めていくことが重要である。主要な生産性の分析指標は下記のとおりである。

（1）生産性の主要分析指標（算式）
①労働生産性＝付加価値額÷従業員数
②1人当たり売上高＝売上高÷従業員数
③付加価値率＝付加価値額÷売上高×100（％）
④労働装備率＝有形固定資産÷従業員数
⑤設備投資効率＝付加価値額÷有形固定資産×100（％）
⑥有形固定資産回転率＝売上高÷有形固定資産
⑦労働分配率＝人件費÷付加価値額×100（％）
⑧資本生産性＝付加価値額÷総資本×100（％）

（2）労働生産性の2つの展開式
　A）労働生産性（①）＝1人当たり売上高（②）×付加価値率（③）
　　　　　　　　　　＝（売上高÷従業員数）×（付加価値額÷売上高）

B）労働生産性（①）＝労働装備率（④）×設備投資効率（⑤）
　　　　　　　　＝（有形固定資産÷従業員数）×（付加価値額÷有形固定資産）
　　　　　　　　＝労働装備率（④）×有形固定資産回転率（⑥）×付加価値率（③）
　　　　　　　　＝（有形固定資産÷従業員数）×（売上高÷有形固定資産）×（付加価値額÷売上高）

　付加価値額の算式が様々なように、生産性の分析指標も多様であるが、基本となるのは労働生産性であり、労働生産性を起点に各種の要素に展開することができる。A）労働生産性は、1人当たりの売上高と付加価値率の2つの要素の展開式である。1人当たり売上高は、直接売上に貢献する人員を増加すること、直接売上に貢献する人員の販売力を強化することなどで向上することができる。B）労働生産性は、1人当たりの有形固定資産の装備、有形固定資産回転率、付加価値率という3つの要素の展開式である。1人当たりの有形固定資産は、機械化、ロボット化などで向上することができる。有形固定資産回転率は、設備の稼働率向上、リードタイムの短縮などで向上することができる。A）、B）両方の要素である付加価値率は、製品・サービスのブランド力向上、単位当たりコストの削減、内製化による外部購入費用削減などで向上することができる。A）は主としヒトの稼働率向上や創意工夫に主眼を置いており、B）は投入資産の稼動率向上や設備能力の向上に主眼に置いているという視点の違いはあるが、いずれも投入した人材、資産などの経営資源を活用して、新たな価値を生み出しいくプロセスを反映した算式といえる。労働生産性を構成する各要素の向上が生産性向上に繋がる。

（3）成果の分配公式

　1人当たり人件費＝労働生産性（①）×労働分配率（⑨）
　　　　　　　　　（付加価値÷従業員数）×（人件費÷付加価値額）

　この成果の分配公式からは、労働分配率を下げることなく1人当たり人件費

を上げていくには、労働生産性を上げていくしかないことが確認できる。

(4) 全社的な生産性指標

資本生産性（⑧）＝付加価値額÷総資本×100（％）

＊総資本＝資産合計または負債・純資産合計

（参考）全社的な総合経営指標（総合収益性）

・総資本経常利益率（ＲＯＡ）＝経常利益÷総資本×100（％）

・自己資本当期純利益率（ＲＯＩ）＝当期純利益÷自己資本×100（％）

企業経営の総合収益性指標として、総資本経常利益率（ＲＯＡ）や自己資本当期純利益率（ＲＯＩ）など資本への分配を中心とした経営指標が重要視されてきている。これらの経営指標の重要性は変わらないが、利益は付加価値額の構成要素の一部であり、投入した資本から利益の源泉である付加価値をどれだけ生み出しているかを表す資本生産性という指標は、これからの時代に適した全社的な経営指標として重要性が高まっていくものと考えている。

2　生産性指標の比較

(1) 生産性指標の大企業と中小企業の比較

生産性を含む主要な経営指標に関して、企業規模の違いによる相違点はどうであろうか。図表１－２を参考にして概観する。

利益率とか回転率、各種指標を見ても、中小企業が大企業に勝るものは少ないが、付加価値率については、中小企業のほうが高い。大企業は規模が大きい（すなわち売上規模が大きい）ため、付加価値率がたとえ低い水準であるとしても、付加価値額としては大きな金額になる。一方、中小企業は規模が小さい（すなわち売上規模が小さい）ため、付加価値率が低ければ利益が確保できず存続できない。中小企業にとっては、付加価値率が高いことは存続の必須条件である。また、労働装備率（従業員１人当たりどれくらいの有形固定資産、機械などを装備しているか）に関しては、中小企業は大企業に比べて少額となる

図表1－2　中小企業と大企業の経営指標比較

		中小企業		大企業		(単位)	備考
年度		2012	2013	2012	2013		
売上高	＊（A）	45,500	45,300	2,568,450	2,673,850	(万円)	＊中央値
総資産（負債・純資産合計）	＊（B）	57,900	58,900	2,245,700	2,314,400	(万円)	＊中央値
付加価値額	＊（C）	11,100	11,300	510,800	526,650	(万円)	＊中央値
（うち人件費）	＊（D）	8,000	8,200	355,500	354,350	(万円)	＊中央値
従業員数(役員含む)	＊（F）	19	19	585	574	(人)	＊中央値
①総資本経常利益率	②×③	2.1	2.5	4.1	4.4	(％)	＊注2
②売上高経常利益率	＊	2.1	2.3	3.4	3.8	(％)	＊中央値
③総資本回転率	＊	1.0	1.1	1.2	1.2	(回)	＊中央値
④付加価値率	＊	26.3	26.1	21.8	22.0	(％)	＊中央値
⑤労働生産性	＊	526	533	840	872	(万円)	＊中央値
⑥労働装備率	＊	448	435	752	751	(万円)	＊中央値
⑦設備投資効率	⑤÷⑥	117.4	122.5	111.7	116.1	(％)	＊注2
⑧資本生産性	C÷B	19.2	19.2	22.7	22.8	(％)	＊注2
⑨労働分配率	D÷C	72.1	72.6	69.6	67.3	(％)	＊注2
⑩1人当たり人件費	D÷F	421.1	431.6	607.7	617.3	(万円)	＊注2

出所：全産業（非一次産業）法人企業の主要財務・損益状況と財務指標（中央値）財務省「法人企業統計年報」再編加工
注1：中小企業と大企業の定義
　＊中小企業：資本金3億円以下又は従業員300人以下の企業
　　　（卸売業は、資本金1億円以下又は従業員数100人以下
　　　サービス業は、資本金5,000万円以下又は従業員数100人以下
　　　小売業は、資本金5,000万円以下又は従業員数50人以下）
　＊大企業：中小企業以外の企業
注2：中央値以外の数値は、中央値をもとに算出した数値

が、設備投資効率（保有する有形固定資産当たりの付加価値額の割合）は中小企業の方が高い。経営資源の量の面で大企業より劣位となる中小企業は、できるだけ少額の有形固定資産で付加価値を向上して生き残りを図っている結果と考えられる。中小企業は、経営資源の量や規模を追求するのではなく、経営資源の質を高くし、自社の強みに選択と集中をすることで事業継続しているので

あり、付加価値率、設備投資効率が大企業より高いのも納得のいく結果である。

（2）生産性指標の業種別比較

　生産性に関する各指標の業種別の違いはどうであろうか。主要業種の特徴を概観するため、全産業の中で代表的な業種である製造業、卸売業、小売業、サービス業の2014年の生産性の各指標を図表1－3を参考にして比較する。

　労働生産性（全産業：705万円）は、高い業種から順に、製造業（818万円）、卸売業（752万円）、小売業（526万円）、サービス業（518万円）の順である。

　付加価値率（全産業：19.7％）は、高い業種から順に、サービス業（37.0％）、製造業（18.9％）、小売業（17.4％）、卸売業（7.4％）の順である。

　労働装備率（全産業：1,081万円）は、製造業（1,033万円）、卸売業（815万円）、小売業（620万円）、サービス業（485万円）の順である。

　設備投資効率（全産業：65.2％）は、高い業種から順に、サービス業（106.9％）、卸売業（92.2％）、小売業（84.7％）、製造業（79.2％）の順である。

　以上の各生産性指標の比較から、各代表業種の特徴と課題は以下のようになる。

　製造業は、労働装備率は高い水準であるが、設備投資効率が低く、設備を有効利用した付加価値の向上が課題である。

　卸売業は、労働生産性は高い水準であるが、付加価値率が低く、小売と製造の中間流通段階にあって、得意な流通機能に特化することにより付加価値率を向上することが課題である。

　小売業は、付加価値率がサービス業の約半分程度と低く、商品販売に加えて有料サービスのセット販売をするなどによって、付加価値率を向上することが課題である。

　サービス業は、付加価値率、設備投資効率は高い水準であるが、多くの人員を投入せざるを得ない労働集約型産業の特徴があるため、労働生産性が低くなる。サービス水準を低下することなく、いかに労働生産性を向上することができるかが課題である。

　以上のように、業種によって生産性向上をするうえでの課題は異なっており、業種固有の生産性向上課題を解決していくことが求められる。

図表1-3　生産性指標の業種別比較

		全産業	製造業	卸売業	小売業	サービス業
従業員一人当たり付加価値額（万円）	2005年度	676	834	735	519	523
	2006年度	694	849	769	492	533
	2007年度	698	868	800	528	485
	2008年度	639	723	725	511	495
	2009年度	641	685	698	516	483
	2010年度	671	760	736	513	494
	2011年度	668	751	758	543	507
	2012年度	666	752	770	526	499
	2013年度	690	809	750	518	508
	2014年度	705	818	752	526	518
		全産業	製造業	卸売業	小売業	サービス業
付加価値率（％）	2005年度	18.6	19.3	7.7	17.3	23.6
	2006年度	18.6	19.8	7.1	16.2	24.8
	2007年度	18.1	18.8	6.5	16.4	29.4
	2008年度	17.5	16.6	6.5	16.1	29.9
	2009年度	19.3	18.2	7.3	16.9	33.3
	2010年度	19.6	19.0	7.1	17.3	35.3
	2011年度	19.9	18.3	7.8	18.5	38.3
	2012年度	19.8	18.5	8.1	17.6	37.3
	2013年度	19.6	19.3	7.4	17.2	36.6
	2014年度	19.7	18.9	7.4	17.4	37.0
		全産業	製造業	卸売業	小売業	サービス業
労働装備率（万円）	2005年度	1,086	1,063	808	608	851
	2006年度	1,068	1,038	834	567	787
	2007年度	1,064	1,107	805	574	667
	2008年度	1,073	1,104	879	559	590
	2009年度	1,078	1,090	802	573	491
	2010年度	1,106	1,060	844	551	508
	2011年度	1,074	1,046	772	557	499
	2012年度	1,005	1,040	799	560	479
	2013年度	1,095	1,014	790	537	510
	2014年度	1,081	1,033	815	620	485
		全産業	製造業	卸売業	小売業	サービス業
設備投資効率（％）	2005年度	62.3	78.4	91.0	85.4	61.4
	2006年度	65.0	81.8	92.2	86.8	67.7
	2007年度	65.6	78.4	99.4	92.0	72.8
	2008年度	59.5	65.5	82.5	91.3	83.9
	2009年度	59.5	62.8	87.1	90.0	98.3
	2010年度	60.6	71.8	87.2	93.1	97.1
	2011年度	62.2	71.8	98.3	97.5	101.6
	2012年度	66.3	72.3	96.4	93.9	104.2
	2013年度	63.0	79.8	94.9	96.4	99.6
	2014年度	65.2	79.2	92.2	84.7	106.9

出所：法人企業統計年報（平成26年度）業種別財務営業比率表

3 生産性向上の考え方

1 生産性向上の機能とフレームワーク

　経営は、図表1-4のとおり、外部環境とオープンに接したシステムである。組織はゴーイングコンサーンのために、経営資源をインプットとして調達し、スループットで直接・間接の各機能を統合して変換し、顧客に必要な財・サービスをアウトプットとして提供することで付加価値を創造している。

　インプットをいかに効果的・効率的にスループットで変換してアウトプットを産出するかということが、生産性を向上するということである。経営システムを例にして言えば、スループットの各機能である統合機能、間接機能、直接機能を生産性向上に向けていかに効果的・機能的に運営していくかということがポイントとなる。本書では、統合機能としては「経営戦略」、間接機能としては「経営管理」、直接機能としては「オペレーション（または業務）」として定義し解説する。経営システムにおいてインプットをアウトプットに変換するスループットの各機能（「経営戦略」、「経営管理」、「オペレーション」）と各機能

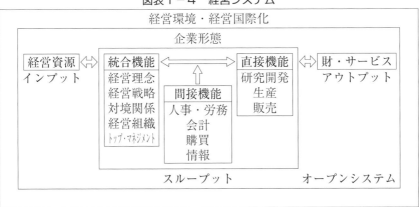

図表1-4　経営システム

出所：花岡正夫・丸山啓輔「経営学総論」白桃書房（1990、18頁）

図表1−5 生産性向上戦略のフレームワーク

で重要となる生産性指標を考慮して、生産性向上のためのフレームワークを図示すると、図表1−5のようになる。

「経営資源（ヒト、モノ、カネ）」をインプットとして調達し、「経営戦略」で方向性と資源配分を構想し、「経営管理」でコントロールし、「オペレーション」で財・サービスをアウトプットとして提供する経営システムを効果的・効率的に機能させることが生産性向上戦略である。生産性向上戦略の実行の結果として付加価値を継続的に創造することができるかどうかは、3つの機能である、「経営戦略」、「経営管理」、「オペレーション」が効果的・効率的に運営できるかにかかっている。「経営戦略」による生産性向上は第2章、「経営管理」による生産性向上は第3章、「オペレーション」による生産性向上は第4章・第5章で詳細に後述する。

2 生産性向上戦略の留意点

第2章以降で各機能別の生産性向上策を解説する前に、本章の最後に留意すべき重要なことを2点述べておきたい。

1つめは、企業、組織が生産性向上に取り組む際に、その置かれた状況、ステージにより生産性向上策の対応は異なったものになるという点である。企業の成長は大きく4つの段階・ステージがあり、生産性向上機能の「経営戦略」は4つの段階毎にとるべき方策が異なってくる。

まずは、創業、または新規事業創造など新たに事業を確立していく導入段階である。ボストン・コンサルティング・グループ（ＢＣＧ）のプロダクト・ポートフォリオ・マネジメント（ＰＰＭ）でいえば、成長する市場に新たに参入していくが相対的市場占有率は小さく、キャッシュアウトとしての投資キャッシュフローが大きいわりに、キャッシュインとしての営業キャッシュフローが少なく「問題児」と言われるところに事業がポジショニングされる段階である。このときの生産性は、インプットとして投入すべき経営資源（いわゆる各種投資）が多く必要となるが、そのリターンとしての付加価値はただちに大きなものになるわけではない。投入と産出に時間的なズレが生じるため、導入段階での期間を捉えれば、生産性は低い状態から始まることになる。将来の生産性を向上させるための準備の段階と言うことができる。この段階で重要な経営戦略は、創造戦略（新規事業開発、多角化）であり、改革・改善区分では、「改革」を適用するステージである。

　次は成長初期の段階である。ＢＣＧのＰＰＭでいえば、成長する市場において相対的市場占有率を徐々に高めていくため、キャッシュアウトとしての新規市場開拓や新製品・サービス開発を行う段階で、追加投資のキャッシュフローは大きいものの、キャッシュインとしての営業キャッシュフローが増加していく「花形」といわれるところに事業がポジショニングされる段階である。このときの生産性は、インプットとしての投入すべき経営資源は大きいものの導入期ほどは必要ではなく、そのリターンとしての付加価値は大きく生産性は増加する。この段階で重要な経営戦略は攻撃的な成長戦略（新市場開拓、新製品開発）であり、改革・改善区分でいえば「改善」を適用するステージである。

　次は成長後期の段階である。ＢＣＧのＰＰＭでいえば、市場の成長性は鈍化していくが相対的市場占有率を高く維持するために、既存市場・既存製品・サービスを活用して市場深耕をしていく段階で、キャッシュアウトとしての追加投資のキャッシュフローは抑制し、キャッシュインとしての営業キャッシュフローを高額で維持していく「金のなる木」といわれるところに事業がポジショニングされる段階である。このときの生産性は、インプットとしての投入すべき経営資源は少なく、そのリターンとしての付加価値は大きく生産性は大きく

増加するか、高い水準で維持する。この段階で重要な経営戦略は、維持的な成長戦略（市場深耕）であり、改革・改善でいえば、「改善」を適用するステージである。

最後は成熟期の段階である。ＢＣＧのＰＰＭでいえば、市場の成長性は低く過度な競争等により相対的市場占有率の維持が困難となるために、組織内部の効率を更に向上するとともに、新たな市場を開拓するために事業を再構築していく段階で、キャッシュアウトとしての投資キャッシュフローは抑制するだけでなく、資産売却などによって投資キャッシュフローからもキャッシュを捻出し、キャッシュインとしての営業キャッシュフローをコストダウンなども行いながら何とか維持していくことで、「負け犬」といわれるところに事業がポジショニングされるのを回避するための対応策を検討する段階である。このときの生産性は、インプットとしての投入すべき経営資源は少なく、そのリターンとしての付加価値も少ないため生産性は低下傾向となる。この段階で重要な経営戦略は、既存事業の効率化戦略と事業再構築戦略であり、改革・改善区分でいえば、効率化戦略は「改善」、事業再構築戦略は「改革」を適用するステージである。要約すると図表１－６のとおりとなる。

もう１つの留意点が、大きく３つに分類した生産性向上機能毎の生産性向上策は、相互に関連し合っているために、最も生産性向上が遅れている機能に制約を受けるということである。この面での精緻な実証研究を行ったわけではな

図表１－６　生産性向上戦略の状況別対応策

	ライフサイクル	ＢＣＧのＰＰＭステージ	対応戦略	改革・改善区分	生産性向上のパターン	
①導入期	（衰退）⇒導入	（負け犬）⇒問題児	創造戦略（新事業・多角化）	改革	OUTPUT →	微増（将来大きく増加）
					INPUT →	大きく増加
②成長初期	導入⇒成長	問題児⇒花形	成長戦略（市場開拓・製品開発）	改善	OUTPUT →	大きく増加
					INPUT →	増加
③成長後期	成長⇒成熟	花形⇒金のなる木	成長戦略（市場深耕）	改善	OUTPUT →	増加
					INPUT →	維持
④成熟期	成熟⇒（衰退）	金のなる木⇒（負け犬）	効率化戦略＆事業再構築戦略	改善＆改革	OUTPUT →	維持
					INPUT →	減少

いが、製造工程において、全体の生産性がボトルネックとなる工程によって制約を受けるのと同様のことが経営全般のレベルにおいて発生することになる。したがって、最重点とすべき生産性向上機能の生産性向上策に取り組まれたら、次にネックとなっている機能での生産性向上策に取り組まれることをお勧めしたい。大企業は、経営資源の質・量において中堅・中小企業を上回り、規模が巨大であるが故に一般的には全体に生産性向上を浸透させるのには時間を要する。中堅・中小企業は資本金や従業員等の量的規模が小さく、事業範囲が狭いが、その分、意思決定や機動性が高いメリットを活かしながら、生産性向上機能の相互調整においてもその特色を発揮し、生産性向上策をトータルかつスピーディに取り組んでいかれることを期待するものである。

4　本章の重要なポイント

1　重要な生産性指標

　本書で主として扱う生産性指標は、①資本生産性、②労働生産性、③設備投資効率の3つの経営指標である。
　①資本生産性＝付加価値額÷総資本（資産合計）
　②労働生産性＝付加価値額÷従業員数
　③設備投資効率＝付加価値額÷有形固定資産

　付加価値額＝営業利益＋人件費（＊1）＋減価償却費（＊2）
　1．人件費＝売上原価内の労務費、販売管理費内の人件費、福利厚生費
　2．減価償却費＝売上原価内の減価償却費、販売管理費内の減価償却費

2　生産性向上機能

　本書で生産性向上に向けて働きかける経営機能は、①経営戦略、②経営管理、

③オペレーションの3つの機能である。
　①経営戦略（理念・ビジョン、事業領域、競争優位、資源選択）
　②経営管理（組織管理、目標管理、人事管理と各制度の連携）
　③オペレーション（開発・製造・サービス・卸・小売等の各機能）

3　生産性向上戦略

　本書で定義している生産性向上戦略は、組織が、調達する経営資源（インプット）を基に、①経営戦略、②経営管理、③オペレーションという各生産性向上機能の生産性向上策を通じて、付加価値額（アウトプット）をより創出していくシナリオ・プロセスのことである。

4　生産性向上の留意点

　組織の4つの成長段階別の状況対応に注意し、3つの生産性向上機能の最適化が必要である。
　①組織の成長段階別に異なる対応戦略とイノベーションが必要。
　②生産性向上の各機能のボトルネックを取り除き早期に最適化が必要。

第 2 章

生産性向上のための経営戦略

1 事業展開活動の羅針盤「経営戦略」構築の視点

　経営戦略とは、「経営理念、経営ビジョンの具体化を図るため、経営環境条件への適応のもとに、将来の経営の方向性、経営活動に際しての意思決定の指針」となるものである。
　経営者として大切にしたい価値観を経営理念として示し、その価値観の投映像として自社の長期的な方向性と、「こんな会社にしたい」とのありたい姿を中核的に示したものが経営ビジョンで、経営戦略の上位概念である。
　この経営ビジョンの具体化を図るための経営戦略とこれに基づく成長戦略を策定し、生産性の向上に向けた実践化を図る中心課題は次の5点である。

1 事業活動展開領域（ドメイン）の設定

　大企業、中小企業を問わずグローバル化が進展する中で、企業が保有する各事業において、市場環境への経営資源能力適応の視点から、まず市場標的とする事業展開領域を設定する。

2 経営資源の有効活用

　固有経営資源の分散を回避するため、コア・コンピタンス（core competence）経営発想への転換を図ると共に、事業活動を行う上で必要な経営資源（物的・情報資源）を競争優位の得意分野製品（事業）に効率的・効果的に集中配分する。

3 競争戦略の創出

　経済的規制緩和と加速的なグローバル化が進展する中で、各製品（事業）を標的市場で展開するためには、保有する経営資源の有効活用を図ると共に、個々

の市場で持続的競争優位性を確立していく対応策を創出する必要がある。

4 事業機会の戦略的な選択

　各製品（事業）の発展的収益目標を達成していくためには、事業活動のプロセスにおいて自社単独で遂行するか、あるいは他企業との業務提携、経営統合、資本提携によって実現すか、戦略的選択を見極める時代環境となっている。

5 経営戦略と経営組織との適応

　企業成長のベクトルづくりには、経営資源と経営組織との密接な相互補完関係が欠かせない。
　企業内の各部門が事業活動を展開する際に、どの組織で対応するか、経営資源の組織化と組織文化の適応がハイポイントとなる。
　これら確たる事業展開の方向性を見極めたうえで経営の道しるべを示すのが経営戦略であり、その優劣が企業格差を生み、ひいては企業の存続に大きな影響を与えることになる。

2　明日を拓く経営戦略の実践化

1 経営戦略の上位概念

　経営戦略の上位概念として、まず経営理念、経営ビジョンを設定する。これが経営の方向性、事業活動の意思決定の指針となる。

（1）経営理念の構成要素
　経営者として大切にしたい価値観を盛り込んだもので、「存在意義」「経営姿勢」「行動規範」の３つの構成要素から構成する。

「存在意義」は、社会との共生のもとに社会に提供する価値であり、それが社会にとってどんな意味があるのかの視点で考えを表明する。

「経営姿勢」は、経営を行う上で重んじることである。

「行動規範」は、行動指針を示したもので、創造性、挑戦性、自己責任、報告・連絡・相談など。

(2) 経営ビジョンの構成要素

「市場・社会でのポジションなどの対外評価」、「事業運営の将来像」、「組織と人のあり方・関係」の3つから構成する。

図表2－1　製造業の経営羅針盤、経営ビジョン事例

1．市場・社会におけるポジション
(1) 21世紀の企業づくりとして、イノベーションを果敢に遂行し、「自然と社会に貢献するグローバル企業」を目指す。
(2) 企業価値が高く評価され、市場をリードできる業界のモデル企業としての役割を指向、実践して行く。

2．事業運営の将来像
(1) 社会性と経営効率の調和のもとに、良き企業市民、活力溢れる企業を目指す。
(2) 既存有力顧客との取引拡大、新規顧客の開拓を果敢に遂行し、顧客の課題解決策の提供など、ソリューション営業展開力によって更なる企業成長を指向する。
(3) 社員一人ひとりの生産性を、業界のトップクラスのポジションで堅持する。
(4) 製造、販売、管理各部門間の連携を一層強化し、シナジー効果の追求により経営活動の効率化と効果を図り、企業としての活性化を実現する。

3．企業組織と個人との調和
(1)「One for All, All for One」を基本理念として、社員個々が創造と革新に挑戦し、経営目標を粘り強く達成する。
(2) 社内ベクトルの一体化、組織風土の刷新、社員一人ひとりの人間性・創造性・個性重視の経営を実践する。
(3) 仕事を通じて幸福と自己啓発に努め、自己実現を果たす。

2 経営目標の設定

経営ビジョンによって「将来こんな会社にしたい」という企業像が経営目標の中の定性目標である。

(1) 企業環境・企業能力の総点検から着手する

企業環境が自社の経営にどのような影響を与えるか、自社の経営資源能力に照らして分析し、環境変化によって発生する成長機会をビジネスチャンスとしてどのように活用に結びつけるか、また脅威に対してはどのように克服するか、といった経営課題を浮き彫りにする。

企業環境分析の手順を列記すると、次の通りとなる。
①環境分析要因を特定する。

国際政治・経済、社会的ニーズ、技術水準、法的規制といったマクロ環境分析と、当該市場規模と成長性、対象顧客、競争関係などの当該業界のミクロ環境を分析する。
②企業能力分析要因を特定する。

自社の経営資源能力をベースに、企業環境に照らして、経営方針、経営計画、研究開発、組織管理、人事組織風土、財務といった経営機能要因を特定する。

これによって事業規模の方向性が拡大指向なのか、あるいは現状維持ないしは縮小指向なのかによって数値目標も大きく異なるが、あくまでも外部環境とのかかわりの中で、企業努力をすれば達成できる経営目標を設定する。

(2) 短期・中期目標を設定する

企業としての経営戦略を経営活動の実行レベルに具体化し、定量（数値）・定性（戦略）経営目標をいかに達成するかの経営のシナリオ的活動指針となる。

経営者、会社、部門、個人で共有する目標設定の機会であり、月次、四半期、半期、年度毎に目標の進捗管理を励行し、組織を同じ方向にリードしていくベクトル合わせの経営、部門の管理ツールとする。

3年（中期）先には、事業展開領域、収益目標をどの程度まで持っていくの

か、その目標達成に必要な要員計画、投資計画など、時間軸のあるアクションプランでもある。

経営目標の設定には、中期（3年）目標の設定があって、その目標の達成に向けて、短期（1年）目標がそのプロセス目標となる。

（3）設定目標の着眼点について

企業にとっての定性目標の内容としては、成長機会をビジネスチャンスとして取り込み、かつ脅威は克服に努め、競争優位性が発揮できるシナリオを構築しなければならない。

一方、定量（数値）目標の内容としては、前章で言及の通り、売上高、生産性の向上を前提とした売上原価、売上総利益額（率）、固定費額（率）、経常利益額（率）、キャッシュフロー、ＲＯＩ（return on investment：投下資本利益率）、ＲＯＥ（return on equity：株主資本利益率）など、企業の経営規模、業種、業態によっても異なるが、金融不安の高まりから従来の利益重視に加えて、不測の事態に直面しないためにも、とりわけ資金循環（キャッシュフロー）のバランスが要求される資金計画重視へと視点を変えていく必要がある。

（4）限られた経営資源の中で、目標と利益の3つのバランスを確保する

①「利益」は目標というよりも「必要条件」であり、利益を上げる条件を満たしていなければならない。
②現在とリスクを伴う明日とのバランスの意思決定が求められる。
③異なる目標間のバランス

マーケティング目標とイノベーション目標のバランスなど、人と設備のバランス、生産性と社会的責任のバランス等、それぞれの目標間でどうバランスをとるかである。

図表2-2　中期経営計画の構図事例

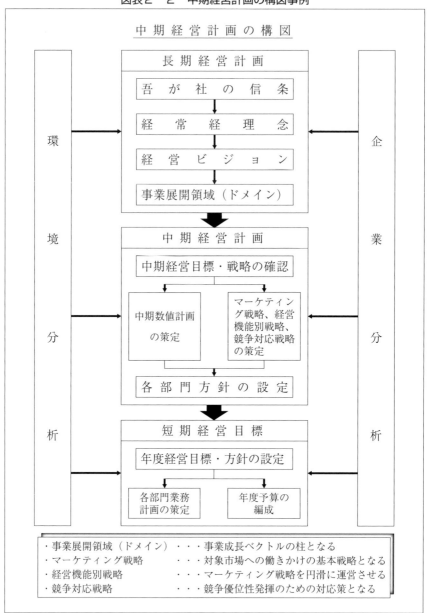

3 事業ドメインを構成する3つの構成要素

　企業にとってドメイン（事業展開領域）の設定は、自社の事業を将来にわたっていかに展開していくかの長期的構図を決めることであり、経営戦略のグローバルな基礎となる構成要素である。

　構成要素としては、市場環境適応と競争優位の経営資源能力の視点から、「市場標的、提供する価値、活用する競争優位の経営資源能力」を見極めたうえで、魅力ある事業活動を指向する。

　その際のスパイラルとして、コア・コンピタンス経営指向への転換のもとに、次の4点を判断要素として設定する。

（1）現行事業の展開市場規模と将来的成長性を検証する

　現実的には、東南アジア新興国は今や内需対応領域となっている。

（2）競争優位の経営資源能力を強化する

　グローバル適応の人材確保、ブランド力、技術・技能の開発力、ノウハウ・スキルレベル、生産管理システムの機能化度合、IT構築力といった情報資源が決め手となっている。

（3）安定的な期間収益の確保を維持する

　技術・価格競争への対応には、売上高の増大、売上原価の削減、固定費の抑制など、収益構造の革新を図る決め手は、生産性の向上対策が源泉となる。

　財務面からの3つの生産性指標として検証する。
a．労働生産性＝付加価値÷従業員数
b．設備生産性＝付加価値÷有形固定資産
c．資本生産性＝付加価値÷総資本

（4）企業アイデンティティの形成にも着目する

　事業ドメインの設定は、同時に企業アイデンティティを包括的に表明するこ

ととなる場合が多い。

　企業は、成長と発展を長期にわたって実現することを願っているが、そこには情報提供や経営資源の配分などによって「望ましい企業像」を顧客や社会に意図的に提示しなければならない。

　これらの情報には、ホームページ、パブリシティ、製品、事業活動など、あらゆる企業活動を通して提供することによって、望ましい企業像が形成されなければならない。

（5）事業ドメインの市場標的を具体的に設定する

　市場標的を形成する3つの軸として、

①市場標的……事業展開エリア、営業・製造活動拠点、狙う業種、業態を設定する。

②活用する独自能力……提供する価値を創造するうえで基盤となる競争優位の経営資源能力を析出する。

③顧客に提供する価値……顧客が競合先ではなく、自社に発注する価値評価要因を見極める。

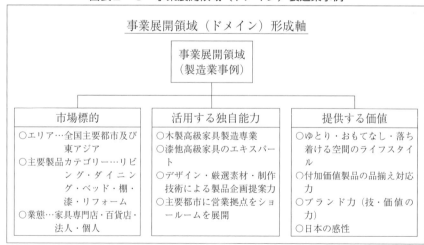

図表2-3　事業展開領域（ドメイン）製造業事例

4 経営資源の効率的、効果的な配分

　経営・市場環境適応のもとに、保有経営資源を競争優位の得意分野製品（事業）に効率的、効果的に配分する際には、投資行動による全体成長のマトリクス・フレームワークとして、資金の選択的集中投資の方向付けが欠かせない。

（1）経営資源の蓄積と活用を図る

　企業が、事業活動を円滑かつ着実に実行し、事業領域で経営目標を達成していくためには、限られた経営資源の活用如何がその基礎となる。

　人材、商品、チャネル、製造・販売施設、資金調達力といった物的資源と、情報、ノウハウ、のれん、技術力といった情報資源は、事業活動の過程で経験効果によって蓄積されることが多い。

　そこで、企業が持続的に競争優位を確保していくための源泉として、プラハラッド＆ハメルによって提唱された、得意分野に経営資源を重点投入するコア・コンピタンス（core competence：企業の中核能力）経営発想を活用したい。

　コア・コンピタンスという概念は、企業の競争力、創造力の源泉としての基礎となる中核的能力であり、他の企業によって模倣、追随されにくい参入障壁ともいうべき企業特有の資源である。

　収益の高い経営機能に人材を集中させ、一部をアウトソーシングすることによって、高い利益を獲得することを狙いとしており、今後の中小企業経営にとっても有効な機能補完戦略といえる。

　今日的アウトソーシングとしては、以下の3つがあげられる。

①製品開発（調達）

　OEM（original equipment manufacturing：相手先ブランド製造）によって製品開発をするケースであり、生産技術・技能開発に要する資金力、スケールメリットが要求されるコンピュータ、電機、自動車などの耐久消費財で行われている。

　一般消費財でも、製販同盟（メーカーと小売業の協業化）により、プライベート・ブランド開発が活発化している。

②情報システム化

　企業が情報システムの構築を図るためには、高度なコンピュータ技術、通信技術が要求さるため自社での対応が難しい場合に、有力な情報関連企業へ委託する企業が多く見られる。

③庸車対応の物流

　企業が経営機能強化、効率化を図る場合に、コスト面でも大きなウエイトを占める物流部門を外部委託または共同物流に踏み切るなどのケースが近年特に増加している。洗剤、化粧品、食品、文具など広い範囲の業界で、このような方法を採るケースが多く見られる。

（2）経営資源の配分構造を確立する

　複数の製品市場にまたがる事業分野で活動を行う企業では、保有経営資源をどのように配分するか、投資行動による全体成長のマトリックスのフレームワークとして、資金の集中と選択的投資を方向づける必要がある。

図表2-4　BCGの事業ポートフォリオ・マトリックス（家具製造業事例）

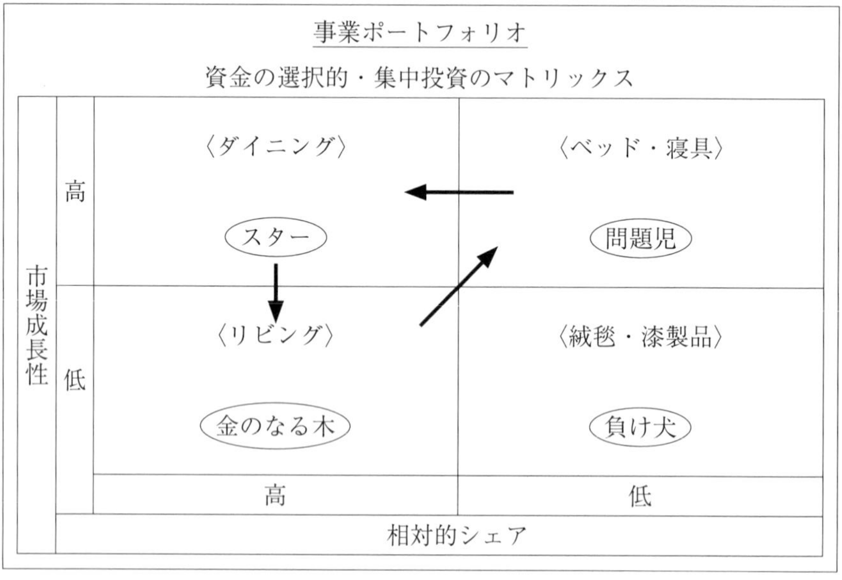

		事業ポートフォリオ 資金の選択的・集中投資のマトリックス	
市場成長性	高	〈ダイニング〉　スター　↓　〈リビング〉　金のなる木	〈ベッド・寝具〉　問題児
	低		〈絨毯・漆製品〉　負け犬
		高	低
		相対的シェア	

①スター製品(事業)

　市場成長性も相対市場シェアも高いため利益率が高く資金流入も多いが、市場の成長性以上に先行投資を必要とすることから、短期的には資金創出源とはならない。

　市場の成長性の鈍化につれて、「花形製品」は「金のなる木」となり、次の「花形製品」を生み出す投資資金となる。

　事例では、ダイニングカテゴリーはリビングカテゴリーに比べて客単価は低いが、多品種化により市場の拡がりと買い換え需要に期待が得られる。

②金のなる木製品(事業)

　低成長、高シェアのため、成熟市場への投資を抑制し、創出資金は成長が期待される「問題児製品」などの戦略事業単位へ投資する資金源となる。事例のリビングカテゴリーは、ソファは高額単価製品が特徴のため、客層が限定的ではあるが安定的な収益源となっている。

③問題児製品(事業)

　高成長、低シェアのため、資金流入より多くの投資を必要とする。積極的投資によって「スター製品」に育成するか、それとも放置して「問題児製品」のままでポートフォリオから除外するかを、シェア拡大によって競争優位性が獲得できるかにより判断しなければならない。

　その判断ファクターとしては、「市場規模、成長性が期待できるか」、「競争優位の経営資源対応力が期待できるか」、「収支面で短期間で損益分岐点をクリアできるか」を見極める。

　事例では、ベッド、寝具が位置づけ対象となっているが、高齢者社会環境を反映して近年、高齢者用ベッドの需要が増大していることから、投資如何によってはスター製品となりうる状況下にある。

④負け犬製品(事業)

　低成長、低シェアのため収益性は低く、資金流失も少ない。事例の漆、絨毯製品は、高額かつ市場規模が小さく市場の将来性が期待できないため撤退を考えなければならず、特に不況期には資金源とはなりえない。

　以上のように、ＢＣＧのポートフォリオ・マトリックスは、成長戦略策定時

には欠かせない判断指針となる。限られた資源の選択と集中投資配分を示しており、「金のなる木製品」を最大の資金源として、「スター製品」あるいは「問題児製品」に投資を集中する一方で、「負け犬製品」からは撤退を選択する。

しかしながら、現実的な応用面では、自社内ではその有効性に課題を含んではいるが、負け犬製品といえども、譲渡先があればM＆Aによる事業譲渡もひとつの有効な選択肢となり得る。

（3）シナジー効果を検証する

アンゾフは、シナジー（synergy：相乗）効果は企業を構成する戦略事業単位のバランスを評価するコンセプトであると提唱している。

企業が、事業部、製品間において経営資源の共有や補完によってシナジー効果が得られることは、成長のための大きな要因である。

シナジー効果は、とりわけ集中型多角化企業の事業活動にとっては有効であるが、現実的には、自動車の生産技術とチャネルを保有しているからといって、情報機器事業で成功するとは限らない。

このように、既存事業と新規事業との関連性と非関連性を見極める必要がある。

（4）事業多角化の選択を誤らない

企業が、経営資源を戦略的に活用して将来の成長の芽への事業多角化を図るケースは、中堅・中小企業においても多く見られる。

事業多角化には、本業の経営資源をフルに活用した集中多角化と、本業の経営資源の一部を活用し、多角化過程で新たな経営資源の蓄積を図る連鎖型多角化がある。

集中多角化は、経営資源の活用度が高い利益集中型である。

例えば、味の素が、調味料の「味の素」の事業展開で培った「味」に関するノウハウを活用して、マヨネーズ、食用油といった食関連に事業活動を集中して高収益を得ているのは、ブランド力、製品開発力、生産技術力、チャネル力といった経営資源のシナジー効果が大きく寄与している。

①市場浸透戦略

　市場需要の成長力が衰えていないことが必要である。

　市場需要の成長力を高めるためには、市場需要の普及拡大と、顧客先の深耕によって購買力の拡大を図る必要がある。

②新製品開発戦略

　既存製品を基軸として多様な製品ラインを構築し、新製品への切り替えを積極的に行う品揃え対応力の強化が狙いである。

　近年の顧客志向の多様化によって製品のライフサイクルの短縮化が顕著となっていることに鑑みて、多様化対策と次の基幹製品の開発が欠かせない。

　新製品導入に際しては、製品毎に「狙う主要ターゲット」、「製品機能特性」、「使用原材料、型、デザインのラインアップ」を内容としたコンセプト表を作成し、営業拡販用として活用するのも一策である。

③市場拡大戦略

　既存の製品を新しい市場に導入して売上を伸ばす。

　国内市場に留まらず、グローバル化の潮流に乗って東南アジア新興国などへの市場拡大を図るケースが増大しており、今や中小企業成長の要となっている。

　為替差損と物流コストに配意しながら、市場拡大を指向したい。

④多角化戦略

　新製品を新市場に参入させ、事業展開領域を拡大するなど、これまでとはまったく異なる事業活動を目ざそうとする戦略である。

　ハイリスク・ハイリターンが特徴の戦略はであるが、製品カテゴリーの統合、あるいは経営統合、M＆A戦略などは、早期実現を図る点では中小企業にとっても有効な手段といえる。

図表2-5 アンゾフの成長ベクトル活用事例

企業成長のベクトル
製品・市場対策のマトリックス

	既存製品	新製品
既存市場	〈市場浸透戦略〉 ・選択と集中（コア・コンピタンス）による成長 ソリューション営業展開 （市場・顧客深耕）	〈新製品開発戦略〉 ・製品の多様化シフト・・深耕・切り替え 次なる基幹製品化 （拡　販）
新市場	〈市場拡大戦略〉 ・新たな販路拡大・新規顧客開拓 （新規市場開拓）	〈多角化戦略〉 ・新製品・新市場開発 事業領域拡大・・経営統合・M＆A （新規開発）

5 競争戦略の創出

　各事業レベルの戦略において、経営資源の有効活用を図り、個々の市場でどのような形で持続的競争優位性を確立していくかの競争への対応を創出することが、競争戦略である。

　企業の競争戦略の課題としては、競争関係にある企業に対して長期的、持続的に差別的優位に立ち機能競争力を確保できるか、そして市場環境の変化に対してタイミングよく適切に対応していくことができるかである。

　そのためには、以下2つの視点が重要となる。

（1）業界の競争構造による影響度合いを見極める

　企業が事業を展開する業界において、構成する企業間の競争状態の強弱は、企業の成長性、収益性に大きな影響を与える。

即ち、業界における企業数、上位集中度、参入障壁、競争者との企業差別化の程度などの要因によって影響度合いが左右される。

上位集中度の代表的な業界としては、自動車、カラーフィルム、化粧品、洗剤などが挙げられるが、それぞれの業界においても、その市場地位により競争状態が異なるため、対抗戦略も自ずから異なってくる場合が多い。

（2）参入障壁の高低を見極める

業界への参入障壁は、業界の既存の競争者がその業界への新規参入を果たそうとする相手に対して持つ優位性である。

それには、規模の経済性、製品付加価値の差別化、コスト優位性、流通チャネル力、法制度などが挙げられる。

特に、ＴＰＰ（環太平洋経済連携協定）批准など、今後グローバルにわたっての経済的規制緩和によって参入障壁が低くなり、公正な競争関係が整ってきている半面、総需要が低迷している多くの業界では、一段と競争激化を招来し、再編成が加速している。

酒販業界の事例として、酒類販売免許が緩和され、距離制限、人口基準制限が撤廃され、ほとんどのスーパーマーケット、コンビニエンスストア、ドラッグストア、ディスカウントストアなどが販売免許を取得したことによって流通構造が激変し、顧客の購買接点の移動により一般酒販店が大幅に後退した。

6　事業機会の戦略的選択が喫緊の課題

企業が事業機会をタイミングよく取り込むことによって、市場開拓、商品開発を果たしたとしても、今日のような成熟社会においては、消費の多様化、商品ライフサイクルの短縮化、ＩＴ化の高度化、グローバル化の進展によって、永続的に保障されるものではなく、次の成功の柱となる事業、製品の開発が求められている。

経営基盤の強化と持続的優位性を維持していくためには、単に既存事業依存に留まらず、同質、異質の拡がりをもつ戦略、他企業との業務・資本提携など、

成長目標の達成のためには、事業概念を越えた経営活動が必要となってきている。

(1) 企業成長ベクトルの明確化

　企業が成長を果たしていくためには、事業機会の探索によってビジネスチャンスをタイミングよく着実に取り込み、市場需要を獲得することが出発点となる。

　日本経済の浮沈を左右する金融の安定が叫ばれている折、ゼロ金利の導入などによって都市銀行だけではなく、地方銀行の再編も顕在化している。

　このように、従来の企業内事業活動中心の企業成長の構図に留まらず、企業レベルそれも業種、業界、系列をも超えたベクトルづくりへと飛躍的な変化を遂げていることに着目したい。

(2) 垂直型・水平型共同化を選択する

　一般的なパターンであるメーカー、卸売業、小売業という製販三層による取引間の共同関係によって需要の同期化を図ろうとするのが、垂直型共同化である。

　最近では、主として顧客満足の物流対応において、ＥＣＲ（efficient consumer response：効率的消費者対応）を導入する企業が多くなっている。

　ＥＣＲは、市場の需要に応じて同期化を図るために、買い手と売り手が消費者欲求の効率的充足という共通目的のもとに協働関係を結び、需要情報の流れと製品の流れという二つの流通フローを調整、統合するロジスティクス・システムである。

　ＥＣＲの導入によって、メーカー、卸売業、小売業が供給連鎖によって共に在庫の最小化を実現し、在庫コストの削減を果たすことができるため、早期に売上原価の削減効果が実現できるとして高く評価されている。

　このような生産性向上対策に向けた製販同盟の推進によって、従来のビジネスシステムが大きく変わろうとしている。

　一方、製品や技術の視点からみれば全く異質の事業が、顧客の視点に立って

統合化を図ろうとするのが水平型共同化である。

　運送業の企業が物販業に進出したり、銀行、保険、証券の各企業が相互進出を図るなどは、事業横断的な共同化事例である。

（3）戦略的企業連携を推進する

　企業を取りまく経営環境が加速的に変化し収益確保が難しい時代においては、各事業展開プロセスにおいて、保有経営資源だけでは経営基盤の強化、競争優位性を維持・拡大していくことが難しい場合が多くなり、時の経過による経営資源の浪費を回避するためにも、「時間の価値を金で買う」M&A、経営統合、業務提携が重要な経営戦略として中小企業においても高く評価されてきている。

　企業が、将来の発展、成長のために、設備投資による生産の拡大・効率化、技術開発による製品開発、素材の開発、チャネル拡大による規模の利益の追求など、経営活動の効率化、グローバル化の経営諸課題に対して経営資源を投入するとすれば、時間を節約し一挙に成果に結びつく可能性がより大きい戦略的企業連携を選択するのは、むしろ当然である。

①狙い

大きく分けて、次の4つの選択肢が挙げられる。

図表2−6　戦略的企業連携の選択肢

狙 い	内　　容
多角化	・関連分野への進出（利益追求型） ・異業種分野への進出（業容拡大型）
競争優位性	・商圏内でのシェアアップ ・商圏拡大、経営効率化、拠点確保、競争回避
経営基盤強化	・株式公開 ・商品力、新技術、ノウハウ獲得、人材確保
救　済	・後継者確保、創業者利益の確保 ・資金調達、事業部門の再構築

ａ．多角化を目的とした場合

　企業が新規事業分野に進出する場合に、新たな企業を設立するほか、当該事業展開分野にある企業を業容拡大を戦略的目的として、Ｍ＆Ａなどにより取得することで早期に進出を果たすケースも多くなった。

　中小企業の中にも、新技術やノウハウ、人材確保、新市場の獲得など、経営基盤の強化と競争力向上のために、時間軸を短縮するＭ＆Ａを選択するケースが増大している。

ｂ．本業での競争力を目的とした場合

　競争関係にある同業者間での優位性を獲得するために、商圏内のシェアアップの他、市場規模と成長性がある市場への進出を果たす広域事業展開を指向する企業においては、経営戦略の一環としてＭ＆Ａを選択するケースが増大している。

ｃ．経営基盤の強化を目的とした場合

　今まで緩やかな業務提携やグループ企業として資本の出資関係に留まっていた協力関係をより強化するために、一つの企業として結合するケースである。

ｄ．売却側の事情による場合

　収益確保の低迷や世代交代期に直面した中小企業においては、事業承継、経営不振といった深刻なケースが多くなっている。

　これらの経営課題を解決する手段として、Ｍ＆Ａ、経営統合など、企業間連携に踏み切るケースが多く見られる。

②成功ポイント

　Ｍ＆Ａによる戦略的企業連携を成功に導くポイントとして６点を挙げると、次のとおりである。

　実施に際しては、何れの企業連携手段を選択する場合でも、期待効果を検証したうえで、交渉にあたっては、互恵平等精神を尊重すると共に、意思決定のスピードが要求されることを認識しておく必要がある。

図表2-7　M&Aによる戦略的企業連携の成功ポイント

成功ポイント	内容
統合目的の明確化	・相手に統合に対する必然性が十分認識されていること ・統合目的としては、機能強化、競争優位性の確立 ・経営効率化、安定化
再編、統合相手の必然性	・双方にとってシナジー効果が発揮できるパートナー選びが重要であり、互恵平等精神が基本 ・地域的な競争回避、経営資源の強化・充実となること
経営主体の確立	・トップマネジメント体制、出資構成の面から、経営的な支配権やリーダーシップが確立できること
組織体制の合理化	・人員の過剰感が発生するが、組織については、機能主体の適正人員配置を図ること
営業政策の補完、強化	・商品力の強化、従業員構成のバランス面で、統合による強化を図る余地が期待できること
営業活動の効率化	・商圏内における顧客の重複、物流面、営業活動における効率化が期待できること ・営業・物流・生産拠点の統廃合によるコスト削減、稼働率の向上が見込めること

(4) 企業間連携「M&Aの形態」

　狭義のM&A戦略の形態には、合併、買収を柱に色々な形態があるが、その狙いによって異なる。

図表2-8　M&Aの形態

```
                 ┌─ 吸収合併（含対等合併）
         ┌─ 合　併 ─┤
         │        └─ 新設合併
         │
         │                        ┌─ 新株引受（第三者割当）
M&A      │                        │
（狭義）─┤        ┌─ 株式取得（資本参加）─┼─ 全部または一部
         │        │                      │
         │        │                      └─ 公開買い付け（TBO）
         └─ 買　収 ─┤
                  │                    ┌─ 一部譲渡
                  └─ 事業譲渡（資産買収）─┤
                                       └─ 全部譲渡
```

図表2-9　M&A戦略の進め方

推進項目	活動内容
① 経営目標と戦略の決定	・将来のドメイン（事業展開）の方向付け ・M&Aを経営戦略の一環と位置付ける
② 買収・統合分野と基本計画の策定	・買収・統合事業分野の明確化 ・スケジュールの具体化
③ 対象企業の選定	・対象企業のリストアップ ・個々の評価と選別絞り込み
④ 選定企業へのアプローチ開始	・対象企業への打診・意向確認 ・経営内容・譲渡財産の精査
⑤ 買収・統合手続の選択	・M&A形態の選別
⑥ 買収・統合交渉	・買収・統合諸条件の検討・交渉
⑦ 買収実行	・契約の調印・締結

(5) 経営統合による企業間連携の形態

①株式交換、株式移転による場合

　企業グループを形成する際、100％親子関係を簡潔かつ円滑に創設できるよう1999年商法が改正され、「株式交換・株式移転」が導入された。

　株式交換は、既存の会社で契約を締結し、100％子会社（完全子会社）となる会社の株主の株式と、完全親会社となる会社が発行する株式とを一定比率での交換によって、100％親子関係を創設する。

　完全子会社となる会社の株主は、完全親会社の株主となる。

　株主移転は、完全親会社を設立し、完全子会社となる会社の株主の株式を完全親会社に移転させる代わりに、完全親会社が発行する株式を一定比率で割り当てることによって、100％親子関係を創設する。

②会社分割による場合

　企業が事業を再編成する際、個別の事業部門を容易に分離、独立できるよう商法が改正され、新設分割と吸収分割が導入された。

a．新設分割は、事業部門を分離、独立させる会社（分割会社）が、新たに設立する会社に事業部門を承継させる場合である。

b．吸収分割は、分割会社が、既存の会社（承継会社）に事業部門を承継させる場合である。

　これら新設分割と吸収分割には、新株の割当方式により、分社型会社分割と分割型会社分割に区分される。

図表2-10　会社分割の区分

区分	分社型 （分割会社に新株を割当て）	分割型 （分割会社の株主に新株割当て）
新設分割	分割会社は新設会社の株主になる	分割会社の株主は新設会社の株主になる
吸収分割	分割会社は承継会社の株主になる	分割会社の株主は承継会社の株主になる

7　経営戦略と組織の適合化が生産性向上の決め手

(1) 経営戦略を効果的に実行する。

経営戦略を実行して収益を確保していくのが組織であり、戦略の策定、実行のための組織のあり方、整合性如何が経営戦略の実践化の成否を左右するともいえる。

(2) 組織の活性化対策を柔軟に推進する

企業経営にとって、常に組織の活性化を図って業績を伸ばしていくことは、最大の関心事である。

組織の活性化を目的とする経営組織の革新は、各部門で働く社員、パートの意識や言動をも革新させるものでなければならない。

経営組織は、環境の変化や経営戦略の実行状況により組織革新の手段も適宜その組み合わせを変えていくものであり、永久不変の組織ではなく「組織は戦略に従う」ゆえんである。

(3) 経営戦略と組織構造、組織文化との適合対策を推進する

経営戦略を実行し着実な収益の確保により企業成長を果たしていくためには、経営組織の構造的側面と組織文化の側面からのアプローチが必要である。

図表2-11　経営戦略と経営組織との関係

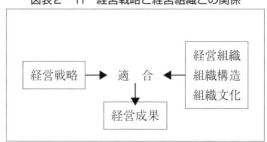

①組織構造の側面
 a．事業連結の必要性
　関連事業を連結することがグループ事業の融業化であり、A事業で蓄積した知的情報（専門知識、ノウハウなど）が、B、C事業で役立つといった関係（反対の場合もあり）、つまり範囲の経済の事業連結が重要である。
　また、製品や販売技術からは別々の事業であっても、顧客から見れば「グローバル企業」という関係を指向する以上、これら事業間を統一した立場から管理することが重要である。「機会主義的行動（他事業には無関心な行動傾向）」を避け、戦略提携を図ることが効率的、効果的である。
 b．経営戦略とトップ・マネジメントのハイポイント
　多くの企業では、東南アジアを中心に海外への進出など、企業＝起業家によって経営戦略のデザインから実施までを実質的に経営トップを中心に実施するケースが多い。
　しかし、経営規模の拡大が実現したとしても、減速経済下による競争激化の経営環境の中にあっては、経営トップ単独でのマネジメントの限界を越えた今日、経営組織の更なる強化によってトップ依存体質からの脱却を図り、グループ企業を含めた組織全体の持つ戦略創出をいかに引き出していくかという偉大な演出家的存在が求められる時期に来ている。
　経営組織の基本構造のもとに、専門能力を持った組織体を調和させながら、個々の能力を最大限に引き出すことが望まれる。
　今日的な経営トップの基本的な遂行機能は、次の通りである。
 c．組織への価値の注入と経営理念の制度化を図る。
　例えば、毎週の朝礼、表彰制度による組織価値のシンボリック化、経営会議、部門長会議、現場巡回など。
　これらの制度化を通して、経営理念、経営戦略が風化しないように緊張感をつくりあげるなど、浸透を持続することが望ましい。
 d．ドメイン（事業展開領域）を設定する。
　経営トップの専管事項であり、これによって、組織構成員である社員は、「何をやってよく、何をやって悪いか」を習得し、どこへその活動を集中すべきか

を認識する。

　e．外部利害関係者とのインターフェイスに注力する。

　経営トップが最大の時間をとるのに、外部の利害関係者（仕入れ先、顧客、行政、金融機関、業界団体、地方自治体、地域住民など）との面談があり、組織を代表して利害関係者との説得（商談）、妥協を図らなければならない役割がある。

　f．組織学習の教育者的機能を発揮する。

　経営トップは、戦略遂行に伴うノウハウ、専門技術、技能をいかに獲得と蓄積を果たし組織の経営資源とするかに注力する。

　経営トップは、以上の機能を組織の中で果たすが、これらは権限と責任の段階的な委譲のもとに、社員の積極的なボトムアップ的行動が求められている。

②組織文化の側面を認識する

　社員に共有される「ものの見方」「ものの考え方」などの組織の目に見えない側面が、組織文化あるいは社風である。

　つまり、「企業の構成員によって共有、伝承されている価値観、行動規範、信念の集合体」である。

　トップ経営者は、組織の中で多くの社員によって尊敬の的となっており、その行動は社員の行動モデルとして、組織文化を形成するうえで重要な役割を演じている。

　組織文化形成要因としては次の点が挙げられるが、日頃の蓄積によって左右される。

a．現社長が保有する価値観、信条

b．経営者が示す日常の行動（リーダーシップ）

c．日常の業務を通して蓄積される成功、失敗の体験、学習効果

d．企業内の抜擢人事を経て昇進する社員が示す行動

e．新人の採用基準と教育訓練

f．企業内の途中入社者が示す行動

　組織文化の進化能力を高めるためには、人材面でのバラエティを増大させ、能力のバリエーションの発生確率を上げることである。

③組織文化革新は管理者の責務

　職場で起こる問題の原因は、「仕事の仕組み（制度や手続き）」、「各人の能力（成熟度合）」、「職場の雰囲気（コミュニケーション）」の３点に概括できるが、この何れかが絡み合って職場のモラールを左右する。

　この課題の改善・解決者の主役は管理者である。

図表２－12　多角化企業の経営組織展開の現状点検事例

(1) 価値の投映像である経営理念、将来のありたい姿である経営ビジョンの全社員への浸透が徹底しているか。

(2) 全社的経営組織間の経営資源配分の適切化

　　現行多角化は、国内事業のほか海外事業展開へ及ぶ関連集中的利益追求型である。しかし、昨今の経営環境の厳しさから、各事業への経営資源配分が厳しく、事業間の経営資源の移動は組織抵抗を受け易いため、各事業が自己完結を旨とした組織運営となっているか。

(3) 各事業間連鎖体制の更なる強化

　　各事業間の戦略、オペレーション統合など、一層の有機的連結、コミュニケーションの強化によって相乗効果が創出できているか。

(4) 社員の積極的なボトムアップ的行動、経営トップ依存体質からの脱却、コスト意識の浸透を図る意識改革の徹底が図られているか。

　　現行事業分野での展開は、海外を含めた各事業で自律的に経営活動を遂行しているため、帰属意識は自ずから強い。

　　その反面、他事業部門への関心が薄くなりがちで（余裕がない面もある）、市場動向、製品および業態開発等関連情報の共有化、連携活動、連帯意識の点で結びつきが弱くなっていないか。

(5) 人材確保、育成システムの確立

　　多角化事業展開に伴う事業管理社員確保の必要性等マネジメントができる人材確保、育成が喫緊の課題となっていないか。

3 収益目標達成に向けた生産性の向上対策

1 収益構造改善の全体構図

　収益構造とは、企業が利益を創出する仕組みであり、「売上高の規模」「限界利益の率」「固定費の額」の3つで規定される。

図表2-13　売上総利益、営業利益、経常利益を創出するための改善ポイント

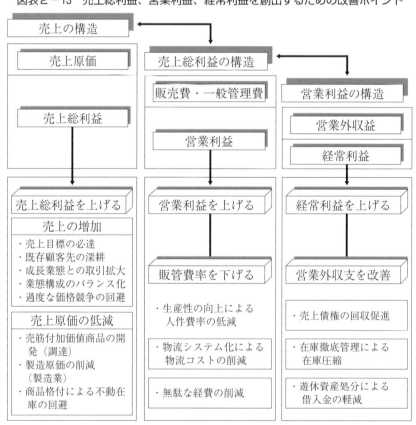

2 収益目標達成に向けた製造業の生産性向上対策

(1) 狙い

「IE発想に基づく製造方式有効度」の究明と、「製造作業実施活動の向上」の両面から総点検のうえ改善・改良を実施し、生産性の向上を指向する。

①製造工程リードタイムを短縮する。

　短納期対応と棚卸資産最小化の実現による受発注促進と資産回転率の増進による経営効率の向上を実現する。

②1人当たりの労働生産性の向上を図る。

　製造工程の短縮化による稼働率の向上により人件費の削減を図り、収益の増大に資する。

(2) 製造業における生産性向上対策の二面性に着目する

①製造方式の側面

　いかに顧客の要求水準に適正な品質で納品し、最も経済的な製造方式を設計し、改善していくかである。

　現行工程手順の抜本的な見直しのほか、材料取りに着目した原料資材歩留りの把握、契約電力による動力費の低減等の有効度を検証する。

②作業実施活動の側面

　設定された製造方式（標準）に対して、工場作業員による実施活動の効率を測定評価し、実施効率の向上をに繋げる。

図表2-14　製造業の生産性向上対策

生産性向上対策	=	製造方式有効度検証	×	作業実施活動効率検証
		・人・・・作業システムの有効度 ・設備・・・設備と運転標準の有効度 ・原材料・・・原材料設計の有効度 　　　　　　（材料選択・歩留り） ・エネルギー・・・選択エネルギーの有効度		・作業能率（人）・設備効率より測定 　標準時間の設定 ・稼働率（人・設備） 　日報に記載された労働時間を基に実績ベースで算出

③製造現場配員シフトの適正化を検証する。

　配員シフトの適正化による要員の削減が狙いで、技術、技能の習得の向上と多能工化の推進による削減効果を追求する。

a．技術・技能の向上対策
・作業者に対し、製造ラインリーダーによる工程別作業標準の明示と日常のOJTの推進が効果的である。
・多能工化の推進による工程間作業の平準化を図り、工程リードタイムの短縮化を実現する。

b．多能工化の実施手順
・製造現場全員を対象として、部門内個々の現行作業（専任作業）領域を見直し再設定する。
・上記を基に、部門工程別の多能工化作業内容を見直し再設定する。

④製造原価改善対策の実践化を図る。

　収益構造改善の視点から、部門主担当別に改善対策目標を設定する。

a．製造活動に係る各部門の事業活動を確認する。
　　業務分掌規程に照らして各部門の日常活動をチェックしたうえで、無駄な活動や重複がないか確認する。

b．各部門別に、活動主担当か補完担当かを区分したうえで、収益構造のどの費目を担っているかの役割を再確認する。

c．収益目標を達成するための改善対策を設定し、日常活動を通して実践化を果たすことによってコスト意識の醸成を図り、結果的、安定的な収益の確保を実現する。

d．製造業における直接売上原価費目の大半は、原材料費と労務費が占めており、何れも自社内でコントロールが効くことに着目し、各担当部門において製品カテゴリー別実際原価を把握したうえで目標原価を設定すると共に、その削減対策を実行することによって早期の売上総利益（限界利益）の創出が実現できる。

　トータルシステム・コストアプローチ管理体制の確立が決め手となる。

図表2－15　製造業における各部門の事業活動と製造原価改善対策

各部門の事業活動と製造原価改善対策

原価構成			改善手法	主担当部門						
				製造部門	生産技術部門	設計部門	工程管理部門	資材購買部門	品質管理部門	営業・総務部門
総原価	製造原価	材料費	VA/VE			◎		○		
			歩留向上	○	○	◎		○	○	
			資材原価低減					◎		
			不良材料低減					○	◎	
		外注加工費	外注計画				○			
			外注単価低減					◎		
		社内加工費　直接人件費	IE・QC手法による作業改善	◎	○				○	
			機械・設備改善		◎					
			VA/VEによる加工工数削減			◎				
			設計効率化			◎				
		社内加工費　間接人件費	平準化・手持ち削減				◎			
			5Sによる探し削減	◎	○			○		
			マテハン改善	○	◎					
			欠品対策					○		
			業務改善	○	○	○	○	◎	○	
		製造経費	動力・光熱費等の節約	○	◎					
			業務改善	○	○	○	○	◎		
	販売・一般管理		業務改善							◎
	利　　益			◎	◎	◎	◎	◎	◎	◎

・近年の原材料購買単価の上昇傾向に鑑み、コスト低減対策の事例としては、新素材・代替資材の探求による過剰品質の回避、材料取り歩留の向上、購買先業者とのリードタイムの短縮、購買ロットの最小化交渉による原材料在庫の最小化が即効性面で極めて効果的である。

　併せて、設計段階での材料費の低減活動が欠かせない。

　一般的には、「製品設計」の段階で製造原価の8割以上が決定されるといわれている。

そこで、設計段階での原価軽減のため、ＶＡ／ＶＥの推進、製品分析による設計部門へのフィードバック、設計担当者の原価意識の醸成を行う。
・外注加工費の削減に向けた取組みとしては、個別生産か連続生産企業であるかにより異なるが、何れの場合でも外注単価の低減がポイントとなる。
　内製化ないしは外注加工かの判断基準としては、対応設備の有無・人件費コストの低減・短納期対応面からの判断が求められる。
・労務費の削減対策としては、製造計画の精緻性追求の下に要員シフト体制の確立、前述の製造方式有効度検証の下に機械・設備改善による加工工数の削減による工程リードタイムの短縮化、現場要員個々の技術・技能習熟度の向上、マテハン（荷役作業機器）改善による作業効率の向上等人と時間を掛けた「工数」の削減が基本となる。
　当然ながら、全社員に「ムダ」をクローズアップさせ、改善策を立案させることも有効である。
　ムダ項目の内容事例としては、「過剰在庫・正味主体作業・作業動線・不良品」等が挙げられる。
　これらの実践化により、１人当たり加工高の増勢を図る。
・製造経費の削減対策としては、契約電力の導入による電力単価の低減、機械設備のライフサイクルの短縮化に鑑みリースの活用、定期点検の励行による機械設備修理の最小化、荷造材料費の見直しによる材質の追求等が挙げられる。

4　本章の重要なポイント

　前述の経営戦略に基づく事業展開活動指針の実現に向けて、まずは経営者が現行経営理念、経営ビジョン内容が時代適応内容となっているかを総点検したうえで、経営戦略の具体的実践化指針を社内に明示する。
　漸減が続く中小企業381万社（内小規模事業者は325万社）の業況感は持ち直し傾向にあるものの、足元では依然として地域需要指向型が主流のため、原材

料・仕入単価の上昇が収益面を圧迫、自営業者の高齢化と後継者不足、事業承継による新しい取組への転換の遅れ、人手不足感の強まり、設備の老朽化、IT活用の弱体等からの脱却ができていないのが現状である。(中小企業庁「中小企業白書2016概要」参照)

そこで、稼げる中小企業への取組みの重要なポイントを以下に列記する。

1　下請構造からの脱却と成長分野への積極的な参入

中小企業の最大の課題は、「需要・販路開拓」であり、地域需要指向型は、大企業では決して参入できない「ニッチ需要の掘り起こし」を目指すべきである。

広域指向型においては、IT技術の進展を捉えて、インターネット販売を通して国内外の販路開拓や、自治体が主導する大企業・中堅企業とのマッチングに取り組むなど、独自の技術やサービスの強みを活かした広域な需要開拓を指向したい。

2　旺盛な海外需要の取り込み

積極的に海外事業展開を実施する。

展開に際しての課題は、「販売先の確保」と「信頼できる提携先・アドバイザーの確保」であり、ジェトロ、中小企業基盤整備機構、地方自治体、商工会等の公的な海外展開支援機構を活用したい。

3　イノベーション活動の積極的な展開

①組織・人材面
a．部署を越えた協働や社内コミュニケーションの活性化を行う。
b．中小企業にとって少子高齢化の進展は、質・量両面での人材確保に深刻な課題を投げかけている。

企業生長を果たすためには、多様性を重視した中途採用を行い、新しい空気

を社内に取り込むことが求められている。

　採用手段としては、ハローワークのほか、知人・友人の紹介、就職情報誌や新聞の求人広告が主体。
②商品・サービス面
ａ．常に新市場開拓を意識した情報収集・分析を実施する。
ｂ．市場での差別化をするための研究・開発を積極的に実施する。
③社外連携面
ａ．社外企業との協働が増えるような取組みをする。
　産学同盟による製品開発・情報システム開発も一策である。
　中小企業においても、Ｍ＆Ａ・経営統合は日常化してきており、企業として、創業者利益存続のためにも、経営戦略の一環として念頭に置いておく必要がある。
ｂ．社外とのコミュニケーションを増やすため、便利な場所に立地する。

4　将来の成長分野への積極的な投資

　投資の主体は、以下５点があげられる。
１）品揃え対応力の強化
　顧客ニーズ把握の下に、前述のアンゾフの製品・市場対応マトリックスを作成し、製品カテゴリーマネジメント体制を確立する。
　そのうえで、高付加価値製品の品揃対応力の強化を図る。
２）設備改良・開発
　設備の老朽化を回避し、工程リードタイムの短縮化の実現を図る。
３）ＩＴ活用領域の拡大
　事務処理の効率化、顧客管理、受発注処理のＥＤＩ化、給与・社会保険関係処理の他、ホームページ活用へも今や欠かせない。
４）海外需要開拓
　10億人の欧米市場から、40億人の東南アジアを主体とした新興国需要開拓投資は、中小企業にとっても欠かせない。

大企業の下請的海外進出から脱却し、現地での生産・販売拠点を設置して、独自に海外進出を果たす企業が増大している。
5）グローバル人材の確保・育成
　海外進出に伴い、経営管理者、モノづくり技術者の確保は、今や喫緊の課題となっている。語学力も要求されるため、外国人を含めた計画的な人材の確保育成対策が欠かせない。

5　リスクマネジメントへの取組み

　自然災害やIT導入に伴う情報セキュリティの必要性の高まりにから、現行事業の継続・早期復旧を可能にするために、平常時に行うべき活動を予め決めておく計画を策定する。
　併せて、平時の経営改善の一環として、リスクへの対策を行うことによって業務の効率化や人材育成、売上の拡大にもつなげていく。

6　企業成長のための資金調達手法

　中小企業が成長投資を進めるためには、資金確保が欠かせない。
　企業成長のための課題解決に必要な資金の調達先としては、金融機関からの資金調達が最大となっていることから、金融機関が事業性評価に重点を置く傾向が強いことに鑑み、経営戦略に基づく確たる事業展開計画を策定し、積極的に伝えていくことが重要である。
1）中小企業では、大企業に比べて内部留保（利益剰余金）にも乏しいことから、設備・海外進出投資も小幅な増加に留まっている。
2）今後重点を置きたい資金調達手法としては、
①事業性を評価した担保、②保証によらない融資、③売掛債権の流動化による融資、④動産担保による融資、⑤知的財産担保による融資等を活用したい。

第 3 章

生産性向上のための経営管理

策定した経営戦略のもとで生産性の向上を実現するには、戦略が絵に描いた餅にならないようにいかに具現化して実行していくかということに尽きる。ＰＤＣＡ（計画・実行・検証・統制）でいえば、経営戦略は、全社レベルの計画ということであり、この計画を機能分担する各組織、各個人が方針と目標を明確にして実行していく仕組みが必要となる。

経営戦略を組織、個人へ展開していく橋渡しをするのが経営管理であり、経営管理の中でも重要なのが、組織管理、目標管理、人事管理の３つの管理の仕組みである。経営戦略や経営計画に基づいた組織形態の決定と戦略実現にとって重要な経営指標のモニタリング（業績管理）の役割をするのが組織管理、全社の重要経営指標を大目標にして、部門別、個人別に目標設定し、各個人の業務遂行を支援するのが目標管理、目標管理を実効性あるものとして組織の中の個人の貢献を継続して引き出していくため仕組みが人事管理である。以下、組織管理、目標管理、人事管理の順に、経営管理を通じた生産性向上のポイントを解説していくこととする。

1 経営戦略を具現化する「組織管理」

1 組織構造（組織形態）設計

（１）組織形態の選択（主として組織の見直し）

組織が経営管理を行うために適正に設計されているかについては、外部環境や戦略に適合した組織に構造を変更・修正しなければならない。チャンドラーは「組織構造は戦略に従う」という結論を導き出している。代表的な組織形態には４つあり、事業の幅と適応する環境の不確実性によって概ね図表３－１のように形態を選択することが目安となる。

中小企業においては事業の幅が狭く、環境によって不確実性が低い場合と高い場合があることから、概ね機能別組織の形態をとりながら一部プロジェクト組織を兼用している。事業の幅は広がって事業別に移行する場合もあるが、近

図表3-1　事業の幅と環境の不確実性

		事業の幅（多角化度）	
		小	大
不確実性	低	機能別組織	事業別組織
	高	プロジェクト組織	マトリクス組織
		ネットワーク組織	

年では人員の制約からマトリクス組織を選択するか、経営資源の制約から企業間連携を通じたネットワーク組織などを選択することもある。

（2）組織形態の再編方法

　前述のように、新たな組織形態の類型を選択することは、大幅な組織の再編成が必要な場合には必須となる。中小企業では、経営戦略に応じた企業活動範囲や管理範囲の変更に対応するため、以下の組織再編指針を目安に柔軟かつ迅速に組織形態を検討するのが望ましい。

①企業活動範囲の拡大に伴う組織の新設（横の拡大）
　工場・営業所・店舗の新設など、組織の機能拡大に伴う売上拡大策の一環として実施する。

②企業活動範囲の縮小に伴う組織の統廃合（横の短縮）
　工場・営業所・店舗の統合や閉鎖など、組織の機能縮小に伴う固定費削減策の一環として実施する。

③管理範囲の増大に伴う機能充実のための組織の重層化（縦の拡大）
　間接部門、中間決裁部門、中間役職位の新設など、業務量の増大や機能追加に伴う管理限界の超過の解消策（通常は売上拡大策）の一環として実施する。

④管理範囲の縮小に伴う機能効率化・意思決定のスピード化のための組織のフラット化（縦の短縮）
　間接部門、中間決済部門、中間役職位の縮小・廃止など、業務量の減少や機能非効率化に伴う効率化・スピード化実現策（通常は固定費削減策）の一環として実施する。

2　業績管理（管理会計による月次業績管理）

　ある組織形態の選択のもとで、組織が達成すべき経営目標とその達成状況は、迅速に把握していく必要がある。特に付加価値および付加価値関連指標を軸とした経営指標を管理していく必要があり、これが本書でいう業績管理である。第1章で概観したとおり、生産性指標の共通したアウトプット（産出）は、付加価値額であり、以下の算式で算出する付加価値額を管理するのが簡便であり実務的である。

　付加価値額＝営業利益（①）＋人件費（②）＋減価償却費（③）

　経営資源の3大要素の「ヒト、モノ、カネ」と付加価値額の構成要素の関係でいえば、ヒト＝人件費（②）、モノ＝減価償却費（③）、カネ＝営業利益（①）として経営資源とその資源への投入金額の対応関係が概観できる。
　また、第1章の生産性向上戦略のフレームワークで提示したとおり、経営管理で重要な生産性指標は労働生産性であり、以下の算式で管理する。

　労働生産性（A）＝付加価値額（営業利益＋人件費＋減価償却費）÷従業員数
　労働生産性（B）＝
　1人当たり売上高（売上高÷従業員数）×付加価値率（付加価値額÷売上高）

　業績管理においては、付加価値額を財務会計によって厳格に計算することが目的ではなく、タイムリーに計画（予定）と業績（実績）の差異分析ができるような管理をして生産性を維持・向上していくことが重要である。特定の事業領域（市場、製品・サービス分野）で付加価値を創出している中堅・中小企業にとっては、大企業以上にスピーディな現状把握と対応が求められる。特定の事業領域に経営資源を集中しているため、代替の付加価値創出手段が限定されるからである。月次で業績管理ができている中堅・中小企業は、四半期決算を行っている大企業ほどには多くない。私どもが個別支援させていただく組織で

は、月次ベースの業績のうち、売上高（あるいは営業収入）は把握できているが、付加価値額あるいは損益（粗利益や営業利益）という点では把握が難しい、あるいは時間がかかり、半期で締めてみてようやく利益が出ているのかどうかを把握できる状態であることが少なくない。このような状況において、月次業績管理として重要な生産性指標に関連する項目を中心に把握し、計画と実績の差異分析をして早めに対策をとっていく管理に転換していくのが望まれる。

　月次の業績は、付加価値の源泉である商品・サービス毎の売上高、売上原価と販売管理費、主要な費用項目の内訳、特に人件費（労務費含む）、投入人員、延べ投入時間などが、概算でも把握できることが必須である。例示として、月次の業績管理のフォーマットを提示するので参考としていただきたい（図表3－2参照）。

　この月次管理で留意すべき点が3つある。1つは、リードタイムの長い製品・商品・サービスの途中段階での損益を月次業績にどう反映するかということ。納品完了すれば売上は確定するが、1カ月を超えて業務が進行し、原価としてのコストが投入されている状況では、できるだけ実態を反映するために工事の進行基準のように完了度合いに応じて、売上、原価を仮に計上しておくことができれば、なお望ましい業績管理となる。

　2つめは、共通の固定費の配賦をどうするかである。共通の固定費を配賦する根拠が明確な場合にはその基準に基づき配賦することとし、不明確な場合には配賦前で損益を検証するのが良い。共通となる固定費は単純に売上比率で配賦すると実態とはかけ離れた損益となり、配賦前の損益責任者にとって納得いかない数値となることがあり、よく検討しておく必要がある。

　3つめは、当初計画と実績だけではなく、次月の予測と計画の差異を見込むことである。特に、パートタイマーなどへの依存度が高く、業務量に応じて勤務シフトを立てるような業務においては、業務負荷が業務の能力を超える場合には能力を増強すべく予めうまくシフトを組んでおくなど、業績管理を業務管理に連結できるようにしておくのが望ましい。

第3章　生産性向上のための経営管理

図表3-2　月次業績管理表

全社合計（内訳）	当月目標 全社計(内訳例：商品別／事業別等)	当月実績	当月差異	累計目標 全社計(内訳例：商品別／事業別等)	累計実績	累計差異	課題と対応
① 売上高							
確定分							
（進行基準含む）							
② 売上原価(a)(変動費)							
原材料費等							
その他変動費							
③ 限界利益(①-②)							
④ 売上原価(b)(労務費)							
投入人員(④-a)							
投入時間(延べ時間)							
⑤ 売上原価(c)(減価償却費)							
⑥ 売上原価(d)(その他経費)							
⑦ 売上総利益(③-④-⑤-⑥)							
⑧ 現場生産性(⑦÷(④-a))							
⑨ 販売費管理費(人件費)							
投入人員(⑨-a)							
投入時間(延べ時間)							
⑩ 販売費管理費(減価償却費)							
⑪ 販売費管理費(その他固定費)							
⑫ 営業利益(⑦-⑨-⑩-⑪)							
確定分							
（進行基準含む）							
⑬ 営業外収益							
⑭ 営業外費用							
⑮ 経常利益(⑫+⑬-⑭)							
⑯ 付加価値(⑫+④+⑤+⑨+⑩)							
⑰ 投入人員((④-a)+(⑨-a))							
⑱ 総資本（資産合計）							
⑲ 労働生産性(⑯÷⑰)							
⑳ 資本生産性(⑯÷⑱)							

　労働生産性の1年間の結果を事後に把握して一喜一憂する管理から、月次業績管理によって労働生産性を把握し、早いタイミングで生産性向上に向けて対策を実施することが生産性向上策となるのである。

2 組織管理と人事管理を連結する「目標管理」

　第2の経営管理は目標管理である。業績管理で管理する項目は、全社レベル、部門レベルの結果指標の管理が中心となるため、結果を生み出す各種活動、プロセスに関する目標や非数値的な目標およびそのための手段やスケジュールは盛り込むことが難しい。また、全社の業績目標を組織の編成に応じて、各部門、各職位、各職種、各個人にブレークダウンして展開していくためには業績管理と連動し、細分化していく管理が必要である。この機能を担うのが目標管理である。

　全社の経営戦略に応じて、経営計画、組織構造（組織形態と職務設計）を決定していく。そのうえで、全社の目標を組織内へ展開していくことが必要である。全社の業績目標は業績管理をしても自動的に達成されるというものではなく、部門や部門に所属する個人が適切な目標を設定し、目標達成に向けた担い手として機能していくことが重要である。これを目標による管理、略して「目標管理」という仕組みにより、目標達成に向けて、Plan（計画）、Do（実行）、Check（検証）・Action（統制）のサイクルを回していくことで、部門や個人が目標を達成し、全社の経営計画で設定した年度目標の達成を実現する仕組みである。ここでは、目標管理の意義、目標管理のプロセス、目標設定の留意点の3つの視点に絞って解説する。

1 目標管理の意義

　目標管理はなぜ必要なのかということが議論となることがある。目標管理を活用する立場によってその意義は以下のように多少異なっている。

（1）会社・組織にとって
・人的資源の有効活用（ムダを抑えることができる）。
・事業計画の立案・事業活動の予測がしやすい。

・人材育成が現実に即したものとなる。

（2）上司にとって
・部門（職場）目標を明らかにできる。
・仕事の予定がたてやすくなる。
・仕事の結果（仕事ぶり・業績評価）がはっきりとする。
・仕事の共通理解が生まれる。
・権限委譲がしやすくなる。
・部下育成の手がかりがつかめる。

（3）本人にとって
・自分の役割を明確に把握できる。
・上司の期待がわかる。
・仕事の段取りがつけやすい。
・自分の考えが活かせる。
・自己啓発の手がかりが得られる。

　共通するのは人的資源（ヒト、意識、時間）を重要なことに集中するということと、そのことを共有化するということである。生産性向上という視点からは不可欠な経営管理である。

2　目標管理の基本プロセス

　目標管理の基本プロセスは、概ね以下のように進めていくのが望ましい。標準的なプロセスを示すので参考とされたい。
①上司は経営計画と組織構造・職務設計を踏まえて全社の年度目標、部門目標を提示し、部下はそれに参画し、それぞれが自分の目標を設定する。
②個別に目標設定の面接をして目標を合意する。（目標設定面接）
　目標設定面接の理想的な工程は概ね以下のとおりである。
　第1ステップ：部下と上司のリレーションづくり

信頼関係・雰囲気づくり、脅かさない、咎めない

第2ステップ：部下の目標を上司が傾聴する

　　目的、時間の取り決め、自分の価値観を脇に置く、受容する

第3ステップ：上司の期待する目標を明示する

第4ステップ：チャレンジを促し合意する

　　期待目標達成の阻害要因・問題点を明らかにする

　　期待目標達成の阻害要因除去・問題解決の段取りづくりをする

第5ステップ：目標達成のための実行計画を話し合う

　　5W1Hに従って話し合う、上司・部下の役割を確認する

第6ステップ：クロージング

　　部下を激励し、勇気づける、部下が話し合った内容をまとめる

③目標水準の有効性を確認し、必要であれば期中での目標の修正および追加をする。（中間面接・進捗面接）

④期末において、上司は部下の自己評価をふまえ、評価をする。その結果が、人事評価、配置、報酬といった部下の処遇に連動する。特に達成出来た要因、達成出来なかった原因などの差異分析を面接の中で行い、今後の取組みの参考となるようにアドバイス等を行う。（フィードバック面接）

フィードバック面接の理想的な工程は概ね以下のとおりである。

第1ステップ：部下と上司のリレーションづくり

　　信頼関係・雰囲気づくり、脅かさない、咎めない

第2ステップ：部下の自己評価を聴く

　　目標の確認、部下の意見に傾聴、受容的、支援的に聴く、

　　結果だけでなくプロセスにも耳を傾ける。

第3ステップ：部下の優れていた点を伝える

　　部下の意見をまとめる、優れていた点、努力した点を認める

　　プロセスを十分に観る、具体的事実に基づきフィードバック

第4ステップ：部下の改善点を明確にする

　　改善を促す点を明確に、部下の意見は傾聴、問題点を確認し、気付きを得るよう促す

第5ステップ：育成点を話し合う、合意する

　今後の育成点について率直に話し合う、どうするか具体的に話す、自分の考えを押し付けない、部下がまとめる、部下の自己肯定感を強化し、改善意欲を支援する。

第6ステップ：クロージング

　部下への期待を述べ激励する、部下に孤立感を与えない。

図表3-3　目標管理のプロセス

```
全社目標の提示
    ↓
部門目標の設定
    ↓
個人目標の設定（目標設定面接）
    ↓
業務推進・目標達成活動の実践
    ↓
期中・期末での目標達成状況の実績把握と成果確認
    ↓
目標達成度の評価（フィードバック面接）
```

3　目標設定の留意点

　目標管理の中で、最も検討を要するのが、どのような項目をどれくらいの水準で目標を設定するかということである。
　目標とは、①何を（対象項目）、②いつまでに（期限）、③どこまで（達成水準）を明確にすることである。特に、目標の対象項目である何を定めるのが案外難しいが、基本はＳＭＡＲＴの原則で目標を設定する。

「ＳＭＡＲＴの原則」
　Ｓ（Specific）：具体的（ゴールとしてイメージできる）
　Ｍ（Measurable）：測定可能（達成度を計測できる）
　Ａ（Achievable）：達成可能（努力したら可能）
　Ｒ（Relevant）：重要性（優先順位付けを行う）
　Ｔ（Time-bound）：具体的期間（期限を定める）

　目標設定のアプローチとしては概ね３つ程度の方法がある。１つは、何もない状態から新たなものを生みだすか（開発・開拓目標）、現状の状態から少しでも良い方向に向けて取り組むか（維持・改善目標）という区分で設定する方法である。２つめは、①インプット（対象顧客リストアップ件数）、②プロセス（訪問件数）、③アウトプット（売上）、④アウトカム（顧客満足）など工程毎に区分して目標設定する方法である。３つめは、部門別（営業、生産、開発、管理など）、階層別（部門レベル、グループレベル、現場レベルなど）の管理指標を中心に設定する方法である。他にも多様な方法が考えられるが、自組織の現場でも取り組み易いアプローチを模索して実施すべきである。２つめの目標設定を多少アレンジしたガイドラインを例示するので参考とされたい（図表３－４参照）。
　以上、目標管理に関して、目標管理の意義、プロセス、目標設定の３つの視点に留意し、目標管理を運用していくことで、限られた経営資源をなすべき重要な目標に向けて投入し、成果としての付加価値を創出していくことができる

図表3-4　目標設定ガイドライン

	成果（質的目標） または　アウトカム	成果（量的目標） または　アウトプット	プロセス（業務実施度合） または　インプット
営業部門	利益貢献度（限界利益率） 新規顧客満足度	売上高 新規顧客受注件数	訪問件数 新規顧客アプローチ件数
生産部門	不良率低減（良品率向上） 製造原価率低減 納期遵守率向上	不良件数・金額低減 製造原価コストダウン リードタイム短縮	不良低減活動件数・提案件数 コストダウン活動件数 リードタイム短縮提案件数
研究開発 部門	新製品利益貢献度 新製品顧客満足度	新製品開発件数 新製品受注件数	新製品の企画・提案 件数
管理部門	プロジェクトの質的目標 （例：説明会参加者理解度）	プロジェクトの量的目標 （例：説明会参加者数）	プロジェクトの実施件数 （例：説明会の実施回数）

環境が整備される。目標達成に向けた取組みは突き詰めれば組織の中の各個人の取組みにかかってくるのであり、各自の取組みを促進し支援する仕組みが次に解説する人事管理である。

3　組織管理に連動した仕事主義の「人事管理」

　目標管理をヒトの面で有効に機能させるためには人材活性化・モチベーション・人的生産性の向上のための人事管理、その中心のシステムである人事制度の仕組みが重要である。

　人事制度の仕組みは、多種多様であり内外の状況によるため、何がベストであるかを特定することはできない。経営理念、外部環境、内部資源によって変化するため固定的に考えることは危険である。自社の状況をよく見極めて人事制度の点検や改定を検討すべきである。重要な視点としては、経営の方向性に適合した人事管理という視点（戦略的人的資源管理）を基本として人事制度を構築していくのが望ましい。

　ここでは、組織管理、目標管理と連動した人事管理によって労働生産性を向上していくという視点からの人事制度改定を中心に解説する。

1 生産性向上に向けた人事制度改定

　人事制度改定（以降、「人事革新」と呼称）は、経営資源である人的資源および人的資源に投じられる人件費を中心に、組織構造や人事制度のようなハード面と、組織文化や個人のスキルのようなソフト面の両面から革新を促進するものである。

　人事革新の方法論に入る前に、考慮すべき組織の存続条件や管理の諸原則など、組織や管理の基本となる考え方を整理しておく。

　組織はある目的ために存在している。存続し続けるかどうかは、組織が目的を果たしているか、目的を果たし続けるために組織を構成する個人から貢献の引き出し続けるだけの対価を継続的に提供できることなどの必要条件がある。バーナード（1968）は、組織の存続条件として「有効性」と「能率」という概念をあげている。「有効性」とは、組織の進むべき方向性や目的を実現していく能力や目的達成の程度を意味している。目的を実現できない組織は崩壊するということだけでなく、目的を達成することで組織は解体（プロジェクト組織はプロジェクトを終了すれば解散する）するため、常に新しい目的を採用することによってのみ組織は存続することができるということを意味している。「能率」とは、組織の中の個人に協働意欲をもたらす誘因（物資ないしは貨幣等投下物など）を提供する能力のことであり、組織は継続的に誘因を提供して協働に必要な個人の貢献を確保し続けることができる能力が必要であるとしている。

①組織の存続条件
・有効性：組織の目的を実現することができる能力と目的達成の程度
・能率：組織において協働に対する個人の貢献を引き出す誘因を提供することができる能力

　以上から、組織が存続するためには、組織の目的を設定し、その目的を実現するために組織の中の各個人の誘因を把握して、その誘因を提供し続けて組織目的を実現しつつ、目的の再設定を繰り返さなければならないということであ

る。この組織存続の条件に関する考え方に沿った人事制度の設計思想は、全社の方針・目標を部門や個人の方針・目標に展開したうえで、各自が配置に応じた役割を遂行し、目標達成に貢献した人材を適正に評価して処遇するという、極めて基本的な原則に従って人事制度を改定していくことになる。

次に、管理に関する原則であるが、伝統的な管理原則（ファイヨールが挙げた14の原則をはじめ多数の管理の原則）によれば、10以上の管理原則に沿って組織を管理していくことが有用とのことで原則が示されている。主要な原則を5つ挙げておく。

②管理原則の適用
・権限・責任一致の原則：権限の大きさと責任の重さを等しい量とする。
・統制範囲の原則：1人の管理者が直接的に管理できる部下の数には限界がある。
・専門性の原則：担当職務は類似の職務で構成し、迅速に職務に習熟する。
・命令統一性の原則：常に特定の1人の上司からだけ命令を受ける。
・例外の原則：非定型的な意思決定ほど上位レベルに。

管理の諸原則は、組織の構造や人員の配置などを考える際に活用できるとともに、その組織の中の人材の管理手段の一つである人事制度の基盤（専門性、例外判断の有無などの役割区分に応じた等級フレームワーク）の設計や各自への目標設定（権限と責任に応じた目標）とその評価（指示命令に沿った評価者の選定）などを考える際に参照すべき管理の原則となる。

経営戦略で設定した方向に向け、組織の中の一人ひとりのメンバーを組織化してその力を結集するということは容易なことではない。経営戦略を具現化していくために、まずは社員が、組織が目指す理念・方針や重要な戦略課題をよく理解し、その趣旨に沿った行動ができるように、組織の存続条件や管理の諸原則と密接不可分な関係にある人事制度の仕組みを再設計することによって、力強く前進させていくことが必要である。

2 「人事革新」の展開方法

　経営戦略の方向性に沿って人的資源を管理して個々の人材をモチベートしていくために大きな役割を果たすのが人的資源管理の中心的な手段である人事制度である。人事制度の設計思想は大きく次の二種類に区分される。

(1)「人(＝職務遂行能力)基準の人事制度」
　人材の属性(年齢、性別、性格、学歴、保有能力)で管理する制度で、現在、日本の組織で60％近く普及している職能資格制度は人の職務遂行能力を基準とした人事制度としてこの分類に入る。その特徴は以下のとおりである。
・基盤：職能資格制度(職能等級制度)
　通常は、職務調査を行い職務遂行能力の明細である職能要件書を作成
・昇格・昇進：職務遂行能力の高まりで昇格、昇格と昇進は非連動
・賃金：基本的賃金は年齢給、職能給、能力給、定期昇給は原則あり
・評価：能力評価、態度評価が中心(その他成績評価も)
・異動：柔軟(容易)

(2)「仕事(＝役割・職責・職務)基準の人事制度」
　組織の機能(目標、業績、役割、職責、職務)で管理する制度で、現在、日本の組織で25％近く普及している役割資格制度や職務等級制度は、組織の目的を遂行するために求められる機能(役割)や職務を基準とした人事制度としてこの分類に入る。その特徴は以下のとおりである。
・基盤：役割資格制度または職務等級制度
　通常は組織機能(役割分担)や職務の困難度・複雑度(職責)の評価を行い、役割や職務基準書を作成
・昇格・昇進：分担する組織機能の高まりで昇格、昇格と昇進は連動
・賃金：基本的賃金は役割給、職責給、職務給、定期昇給は原則なし
・評価：分担する組織機能に応じた目標管理による成果評価、貢献度評価が中心

・異動：役割基準では役割交代として柔軟（容易）、職務基準では職務変更以外は硬直（困難）

　各々の人事制度には、長所・短所があり、それに適した状況がある。（１）の「人基準の人事制度」は、安定した経営環境＝市場は成長段階もしくはある程度の予測可能な伸びを示し、内部の人材は市場の成長とともに新陳代謝（例えば、労務構成でいえば退職者より新規入社員が多いかバランス）している際などに適する。内部の安定を維持して成長を阻害しない人事制度として、安定成長期に適合する。これは、新たな人事制度の導入による人事革新というよりも、成長過程の組織に内部管理を加えて一定の管理水準を担保しようとするものである。

　一方、（２）の「仕事基準の人事制度」は、成熟した経営環境＝市場は成熟段階もしくは予測困難で見通しは不透明、市場の成熟とともに停滞している際に適する。組織の機能の分担として要求される役割を配置される人材に求めて、その役割の遂行を通じた成果や貢献を求める制度であるからである。ただし、仕事基準の人事制度にも細かくは２種類あり、職務明細と職務の評価による旧来の欧米型の職務型人事は、管理を厳格化するのには役立つが、過剰になれば革新を阻害しかねない制度となる。そこであらかじめ定められた職務そのものへの縛りを薄めて、組織機能の分担を通じて人材に求める役割・職責にフォーカスした人事制度によって、革新を促す人事を本書では「仕事（組織機能）主義」と呼称（日本では役割主義人事または役割資格制度として普及）して、「仕事主義」の人事制度導入の推進を生産性向上の有効な手段として捉えることとする。

（３）仕事主義の人事制度活用の背景

　仕事基準の人事制度、なかでも「役割」に基づく人事という概念については、森本昭文（2000）「役割主義人事」が詳しい。森本の役割主義における「役割」とは、組織運営上の機能分担のことである。組織運営上の機能とは、計画策定権、承認決裁権、業務執行権、業務遂行上の裁量権等々の権限と責任のあり方

をいい、その機能の分担が「役割」と定義づけられている。組織を構成する人材が各々で分担した「役割」が、役職や立場を通して機能を融合して、相乗的な組織力を発揮することを役割主義では狙いとしている。単なる役職・職位を狭義に役割と捉える考え方とは異なることに注意が必要である。

　本書では、この「役割主義人事」の考え方を基本としながらも著者流の中小企規模組織向けの実践による進化・発展に基づいて、「仕事（組織機能）主義」による人事制度の再設計（人事革新）を生産性向上の有効な一手段として解説することにする。

（4）「仕事主義人事」導入プロジェクトの進め方

①プロジェクトの基本方針（例示）
・これからの経営環境下で持続可能な組織とするため、現行の人事制度を役割の軽重や組織貢献度の大きさを反映できる新たな人事制度へ転換する。
・自社の地域や顧客特性、要員構成および財務基盤（労働生産性、労働分配率、人件費率等）を考慮した新たな人事制度を設計する。
・移行にあたっては、今後の環境変化や組織再編に柔軟に対応できる制度の設計を図るとともに、組織の活性化、社員（または職員）のモチベーション向上に資するような改定とする。

②プロジェクトの進め方（例示）
・当部門（経営企画部・総務部・人事部など）において新人事制度の原案を作成する。
・原案の企画・立案・審議に当たっては、プロジェクトリーダー（または経営コンサルタントなどの外部専門家）が　担当部門のリーダー・メンバーと協働のもとにインストラクターとしてリードし推進する。
・個別テーマによっては、担当部門のリーダー・メンバー以外の関係者に必要に応じて意見を求める。
・制度移行は、翌年度のはじめ（例えば4月）からとして、新たな人事制度を導入する。

・具体的施策で実施可能なものは、社内で意思決定して先行実施する。

3 生産性向上のための人事トータルシステム

（1）「仕事主義」人事制度の考え方
　社員の属人的要素や保有能力によって処遇する属人的人事から、社員の組織機能別の役割遂行度（役割発揮行動）と組織への貢献度（目標達成）によって処遇する仕事主義によって、各々の人材の組織機能の発揮促進を図るとともに、組織の活性化を目指す。

①基盤（格付・資格・評価）
・能力の高さ、勤続年数（潜在・保有能力）重視から組織機能（役割）の権限と責任、その遂行度（機能発揮行動）、貢献度（目標達成）を重視へ

②賃金（基本となる給与・昇給）
・学歴、勤続年数、能力の習熟度反映から、組織機能の遂行度、組織貢献度の反映へ
・年数の経過による自動昇給中心から、組織機能の遂行度、組織貢献度による査定昇給中心へ
・能力の習熟度の多少の格差から、組織機能（役割）配置の交代で大きく格差へ

③賞与
・賞与は給与の補完的な配分から、成果重視の配分へ

④退職金
・勤続年数と退職時給与で決定から、在職時の役割遂行度の累積を重視へ

図表3-5 人事制度の基本的考え方

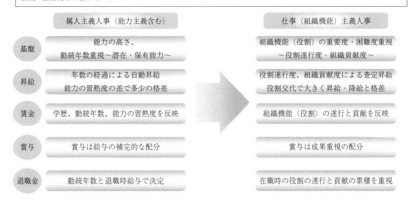

「人」基準から「仕事」基準へ
社員の属人的要素や保有能力によって処遇する属人的人事から、社員の仕事(組織機能)や役割遂行度と組織貢献度によって処遇する仕事(組織機能)主義的人事によって、人材の組織機能の遂行度・貢献度の促進を図るとともに、組織の活性化を目指すもの。

(2)「仕事主義」人事制度のトータルシステム

　人事革新を実現するためには、制度の部分改定ではなく全面改定が望ましい。理由の1つとしては、革新のための人事制度改定は人事の基本となる考え方や達成すべき目的や方針の転換であり、それをテコとして組織を革新していくのであるから、部分改定ではその効果が限定的となるからである。

　人事の考え方による制度改定の典型は先にみた人材の保有能力を基盤とした制度から仕事(組織機能)を基盤とした制度への変更であるため、等級(資格)、評価、賃金、賞与、退職金まですべての制度を一体として改定していくことになる。人事制度の諸制度はバラバラではなく、連携および連鎖するからこそ機能するので、ある部分に重要な課題があり改定するということは、それに伴って他の制度も改定していくことになるである。

　トータルシステムとしての人事制度の革新の方向、あるいは全体設計の考え方としては、図表3-6ように例示できる。

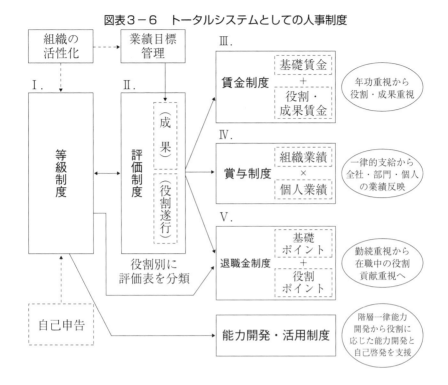

図表３−６　トータルシステムとしての人事制度

4　生産性向上のための人事諸制度の設計

（1）等級（資格）制度

　人事革新を実施していくうえで、最初に再構築するのが、等級制度（あるいは資格制度、格付制度ともいう）である。組織というのは、2名以上の複数の人材で構成され、組織としての目的、目標をもち、目的・目標の達成に向けて、なすべき機能を複数で分担することになる。この人材間での分担の基本を決めるのがトータルの人事制度における等級制度であり、人事の基盤としての制度となる。人事の基本思想を仕事（組織機能）においた等級制度であるので、組織上の機能の構成を考慮して新たな等級制度を設計していく。

　等級制度は、社内外のステータス（地位）の表示、権限と責任の大きさ、肩書き（呼称）、社内の処遇の高さ、等を表す制度で、人事管理の諸制度の中で最

図表3－7　等級制度概要（例示）

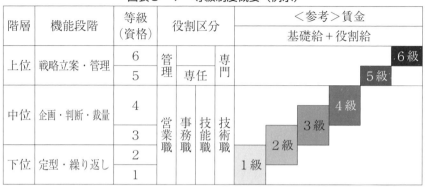

も中核となる制度である。等級制度の運用で決めておくべきことは以下のとおりである。
①配属・配置、異動と処遇上の格付けルール
②昇格（級）・降格（級）のルール
③昇進・役職転換のルール（権限と職責の変更）
④賃金・賞与・退職金等処遇全般のルール
⑤役割・資格による期待要件＝評価ルール
⑥肩書き呼称の表示ルール　など

　以上のようなことが等級制度で明確に決められていないか、決めていてもそのとおりに運用されていない場合などで課題が頻出する。改定前の等級制度から頻出する課題例としては以下のようなものがある。
①昇格・降格、昇進・役職離脱ルールが不明確＝キャリアビジョンが描けない。
②年功による序列維持で逆転なし＝人事の渋滞と管理職の高齢化進展。
③部門間、職種間異動なし＝各人材の仕事の深耕化は進むが視野の広さが欠如。
④情実管理が中心、肩書きは内向き志向＝組織内部の都合中心とした組織運営。

　課題のある等級制度の革新の方向としては、
①昇格・降格、昇進・役職離脱のルールを明確化する。

②自己申告等による部門間、職種間の異動を認可する。
③組織の要の管理職に、リーダーシップ（役割遂行力）のある人材を配置する。
④ライン（ポスト）・非ライン（ノンポスト）だけでなく、営業・非営業など職種別役割も設定する。
⑤新しい等級制度を効果的にするために評価、賃金との連動を明確化する。

（2）評価制度

　人事革新を実施していくうえで、二番目に再構築するのが、評価制度である。評価制度は、等級制度で設計した縦の序列としての等級別、更には横の分担としての職掌・職種別や雇用や勤務の形態の違いによる雇用・勤務形態別など各等級制度で設定した組織機能（役割）別に配置された各人材の仕事の取組みプロセスと達成すべき成果などの達成すべき基準の明示とその基準の達成状況の評価を管理する制度である。等級制度で設定した組織機能（役割）分担をより個人別に具体化したうえで、処遇に結びつけていくことができるように、等級と処遇を連結する役割を担う重要な制度である。評価制度の設計で整備・決定しておくべきことは、以下のとおりである。
①組織目標と個人目標の連鎖や目標管理との連携の仕方
②個人の目標達成や役割遂行のための期待される要件の整備
　　役割、等級、職種の３つの側面から整理
③評価表の設計、評価基準の客観性
　　評価要素項目ごとの着眼ポイント、評価レベルの判定基準
④目的別の評価要素のウエイト配点
⑤昇格反映、昇給反映、賞与反映
⑥評価者と被評価者の区分
⑦評価の結果判定に至る手続きの透明性
⑧評価実施時期と各処遇へのスケジュール

　以上のようなことが評価制度で明確に決められていないか、決めていてもそのとおりに運用されていない場合などで課題が頻出する。改定前の人事評価（考

図表３−８　評価制度概要（例示）

目標管理	評価手順		本人	1次	2次	総合評価	業績評価重視	賞与反映
目標設定ガイド	業績評価	目標1						
		目標2						
		目標3						
	プロセス評価	役割1					役割行動重視	昇給・昇格反映
		役割2						
		役割3						
		役割4						
		役割5						

評価表

階層職掌	評価項目	上位 ～	中位			下位 ～
			営業	技能	事務	
業績評価	目標1	○	○	○	○	○
	目標2	○	○	○	○	
	目標3	○				
プロセス評価	役割1	○	○	○	○	○
	役割2	○	○	○		
	役割3		○		○	○
	役割4			○		
	役割5				○	○

課）制度から頻出する課題例としては以下のようなものがある。

①目標管理は、自己申告型・上司追認型で組織目標と連鎖しない＝目標の未共有。

②評価要素・評価レベルの決定基準など基本的事項が非公開＝期待要件が不明確。

③自己評価から最終評価までの一連の評価プロセスが不明瞭＝手続きへの不信

感。
④役職、職種、役割が異なっていても評価要素に違いなし＝組織機能や機能に応じた職務の違いが未反映。
⑤評価結果の処遇（等級、賃金、賞与など）への反映が不充分＝処遇への未反映。

課題のある評価制度の革新の方向としては、
①個人の目標・評価基準は、組織目標に連鎖し目標達成ために期待要件を明確にしたものとする。（組織目標と連鎖）
②評価の基準、手続きのプロセスは公開・明示する。（透明性）
③期初に期待基準、期末に評価結果を確認する機会を持つ。（納得性）
④組織機能（役割）・役職・職種に応じた評価要素と評価達成基準によって評価する。（公平性）
⑤評価結果の反映は、プロセスは等級と賃金に、成果は賞与により反映する。

（3）賃金制度

　人事革新を実施していくうえで、三番目に再構築するのが、賃金制度である。賃金は、労働基準法において就業規則の絶対的記載事項であり、賃金支払の５原則（①通貨払、②直接払、③全額払、④毎月１回以上払、⑤一定期日払）のもとに支払われる処遇の最も基本となるもので、賃金の中で中心となるのが月給（月例賃金）である。参考までに、報酬という概念があるが、これは、賃金や給与といった概念よりも広く、年間を通じてのグロス賃金をさす。欧米では、エグゼンプト社員を対象に支払われる対価概念である。わが国では、一部の役員や年俸社員を対象とするが、一般の社員においては、やはりサラリー（月給）が労働の対価概念である。この報酬概念は、実態的には月給（月例賃金）をさすものと捉えられる。賃金制度は、４つの側面から区分して制度を再構築すべきである。４つとは以下の側面である。
①賃金の体系について（人事理念と基本賃金決定のしくみ）
②賃金の水準について（市場価値、適正水準＝モデル水準）

③賃金の配分について（成果や評価に応じた配分）
④人件費原資について（付加価値に占める総枠人件費の管理）

　検討の順序としては、人事理念からまず賃金の体系、次いで人件費原資（例えば、平均賃金や昇給総原資）および賃金の水準（例えばモデル賃金の設計）、三番目に賃金の配分（例えば、個人別の評価別配分）などの順となる。
　賃金制度の設計で整備・決定しておくべきことは、以下のとおりである。
①賃金体系（賃金の構成要素、役割給＋基礎給＝基本給とするなど）
②賃金の構成要素毎の賃金（賃率）表と昇給・降給ルール
③モデル賃金（入社から退職までのモデル昇格での賃金と水準比較の対象相場など）
④手当の種類と手当の支給・不支給のルール

　また、賃金は就業規則上の絶対的記載事項であり、毎月支払うものであることや、一旦変更するとすぐに変更するのは難しいこと、賃金の額を下げることは不利益変更となりかねず、移行や再設計に際しては、以下の点を留意する必要がある。
①中長期（例えば10年後）を見据えて賃金制度を再設計する。
②賃金制度の移行時は、全社員に改訂の背景や必要性、目指すべき方向性、制度内容を十分啓蒙・説明して導入（労使で協議決定要）する。
③個別賃金の移行は、繊細かつ慎重に、経過措置期間を十分にもつ。

　以上のような賃金制度の運用のルールが決められていないか、決めていてもそのとおりに運用されていない、あるいは再設計や移行の際に留意すべき事項が十分に留意されていない場合などで課題が頻出する。改定前の賃金制度から頻出する課題例としては以下のようなものがある。
①賃金の昇給原資等の原資管理と個人の昇給等個別配分の考え方が混在。
②低責任・高年齢者が高処遇賃金となっている。
　（高役職・高等級者より低役職・低等級者で高年齢者の賃金が高い逆転現象）

③良い評価結果を続けても低勤続者や若年層が高勤続や高齢者の賃金を逆転しない。
④賃金の課題がそのまま賞与・退職金に連動。年収・生涯賃金にも課題が反映。
⑤評価結果の昇給・降給反映がなされていないか、ごくわずか。
⑥移行時に著しく有利あるいは不利となるものが発生し、移行後すぐに制度を変更しなければならない事態を招く。

　課題のある賃金制度の革新の方向としては、
①支払能力を上限に生計費を下限として総額人件費の原資管理をする。
②人件費の原資管理の下で、組織の生産性向上を目的に賃金の個別配分を設計する。
③賃金の基本は、基本給を軸として、基本給は組織機能（役割）や職責の価値を重視する。
④賃金にはストック（絶対額）とフロー（増減）があり、両方のテーブルを公開する。
⑤賃金のストックは、役割別・等級別に上限・下限（範囲）を設定する。
⑥賃金のフローは、役割別・等級別・評価別に格差を設定する。
⑦中長期視点で制度革新の方向を検証し、移行後の個別賃金にも十分注意を払う。
　参考までに、主要な賃金の種類と各賃金の長所、短所を列挙する。
①年齢給：社員の年齢を基準にして（生計費に配慮し）決定
　長所：社員が安心
　短所：社員の能力・努力と関係が弱い、仕事との結びつきが弱い
②職能給：社員の職務遂行能力を基準にして決定
　長所：能力開発意欲を喚起できる、企業実態に応じて柔軟な運用可能
　短所：評価に手を抜くと年功的になる心配がある
③職務給：職務の複雑度・困難度と責任の大きさ（職務価値）を基準に決定（役割給、職責給も概ね同種といえる）
　長所：人件費管理が容易、シンプルな仕組みにすることが可能

短所：職務分析・評価の労力が必要、降給を伴う異動に制約がある
④業績給：仕事の出来高や成績に応じて決定
　長所：一定の条件が整えば、大いに力を発揮させることが可能
　短所：賃金の変動が大きく安定感に欠ける、競争心が過剰となれば弊害

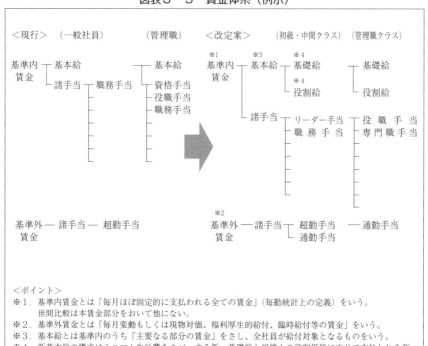

図表３－９　賃金体系（例示）

＜ポイント＞
※１．基準内賃金とは「毎月ほぼ固定的に支払われる全ての賃金」（毎勤統計上の定義）をいう。
　　　世間比較は本賃金部分をおいて他にない。
※２．基準外賃金とは「毎月変動もしくは現物対価、福利厚生的給付、臨時給付等の賃金」をいう。
※３．基本給とは基準内のうち「主要なる部分の賃金」をさし、全社員が給付対象となるものをいう。
※４．新基本給の構成はミニマム生計費をカバーする新・基礎給と組織上の役割価値に応じて支払われる新・
　　　役割給の２本立てとする。
　　　これを併存型賃金体系という。

（４）賞与制度

　人事革新を実施していくうえで、四番目に再構築するのが、賞与制度である。賞与は一時金とも言われ、労働基準法上も必ず支払わなければならないものではなく、就業規則の相対的記載事項で、支払う場合には、支給ルールを定めておく必要がある。会社の業績によって支払う場合があること、賞与支給日に在

籍していることを基本として各社で賞与制度の詳細を取り決めているのが一般的である。

　賞与制度に関しては、いろいろな分類方法があるが、賃金の一部後払いあるいは補完という考え方に基づいて、基本給の一定率を一律的に支給する場合、業績の配分という考え方に基づいて、組織業績が一定以上となった原資をもとに、一律または個人業績の結果を反映して、利益の一部を組織メンバーへ還元または配分する場合、以上２つの場合の組み合わせで支給する場合などが代表的である。

　賞与の決定要因と配分は以下のとおりである。
①会社業績による反映…全社の業績管理指標に連動させる。
②部門業績による反映…部門の業績管理指標に連動させる。
③個別業績による反映…個人の人事評価（目標管理）と連動させる。

　賞与制度の設計で整備・決定しておくべきことは、以下のとおりである。
①賞与に関する考え方（賞与の性格、水準決定の根拠など）
②賞与の算定方式（全社、部門、個人業績と個別の算定式など）
③賞与の受給資格（支給日に在籍を条件とするかなど）

　以上のようなことが賞与制度で明確に決められていないか、決めていてもそのとおりに運用されていない場合などで課題が頻出する。改定前の賞与制度から頻出する課題例としては以下のようなものがある。
①組織（会社、部門等）業績と賞与支給原資を決定する基準が不明確。
　（未確定な予測数値をもとに賞与の支給率を決定する場合に多い。）
②組織（会社、部門等）業績と基本となる支給月数（支給率）にズレや乖離がある。
③個人別の賞与の算定基礎が、年功的賃金等の是正必要な基礎額に連動している。
④所定就業日数・時間の中で実出勤率・稼働率が賞与に反映していない。

⑤仕事ぶりを反映しない評価に連動して賞与が支給されている。

賞与制度の革新の方向としては、
①賞与は成果の配分ということ明確にして賞与原資および個別配分を考える。
②賞与原資は組織の確定業績をもとに基本となる支給率を決定する。
③賞与の個別配分は、役割別・等級別・評価別の成果の評価を反映する。
④賞与算定式は、組織業績に連動した支給率×個人別成果評価の配分率で支給する。
⑤賞与の算定基礎は、役割・等級を反映した基礎額をもとにする。
⑥賞与の個人別配分率には、いわゆる出勤率等の稼働率や量的貢献度も加味する。

図表3−10 賞与制度（例示）

1．賞与の算定方式
※1　　　　　※2　　　　　　※3　　　　　　　※4 賞与＝算定基礎額×支給月数(係数)×評価係数(結果反映)×勤怠控除後支給率

※1	算定基礎額	基本給（基礎給＋役割給）とする。
※2	支給月数（係数）	会社が決定する賞与原資を全社員の算定基礎の総額で除した結果（X）をもって「標準支給率Xヵ月」と表す。
※3	評価係数（結果反映）	主として成果評価によって評価された個別評価による配分率をいう。
※4	勤怠控除後支給率	勤怠査定期間中に欠勤換算された不就労日数分を除した支給率をいう。 「（支給対象営業日数−不就労日数）÷支給対象営業日数」を対象職員への支給金額に乗じる。

(5) 退職金制度

　人事革新を実施していくうえで、五番目に再構築するのが、退職金制度である。退職金は賞与と同様に、労働基準法上も必ず支払わなければならないものではなく、就業規則の相対的記載事項で、支払う場合には、支給ルールを定めておく必要がある。退職金支給の考え方は、長期勤続の功労報奨として支払う場合には、在職期間の長さ（勤続年数）と年功の積み上げである退職時の基本給を算定の基礎として算出して支払う場合、在職中の役割・責任・業績貢献度の累積として、貢献度分のみ支給する場合、以上２つの場合の組み合わせで支給する場合がある。

　退職金制度の設計で整備・決定しておくべきことは、以下のとおりである。
①退職金に関する考え方（退職金の性格、水準決定の根拠など）
②退職金の算定方式（勤続、等級、基本給や退職事由を基礎とした算定式など）
③モデル退職金（入社からモデル昇格で退職時の退職金と水準比較の対象相場など）

　以上のようなことが退職金制度で明確に決められていないか、決めていてもそのとおりに運用されていない場合などで課題が頻出する。改定前の退職金制度から頻出する課題例としては以下のようなものがある。
①過去に累積した年功的賃金である退職時基本給と勤続年数別支給乗率の積で支給される年功を大幅に反映した制度となっている。
②基本給の昇給を退職金に反映させないために賃金では手当を拡大させる一方で、退職金は一律的な支給となっている。
③退職金が基本給と連動しているために、賃金だけでなく、退職金制度も柔軟に改訂することを難しくしている。

　退職金制度の革新の方向としては、
①退職金制度は、在職中の役割貢献度に応じて退職時に支給する賃金・賞与以外の加算的賃金という考え方を基本とする。

②退職金の算定式は、役割や等級に応じたポイントまたは係数を基本に設計する。
③革新前に在職中の勤続年数と退職時の基本給をもとに退職金を算出している場合には、移行時に既得権を考慮して移行を行う。

図表3−11　退職金制度（例示）

退職金の考え方と算定方式（ポイント制退職金）
（1）考え方
　①勤続期間の長短にかかわらず、在職中の貢献度が高いと認められた者は、長勤続、低資格の者を乗り越えていくことを可能とする。
　②等級制度とリンクした「ポイント制退職金」に改定する。
　③等級を反映した「役割ポイント」と勤続期間による「基礎ポイント」の併存型とし、勤続重視を弱め、役割重視（質の貢献）を強化する。
（2）算定方式

| （旧）退職金＝（退職時基本給）　×　（勤続年数別係数） |

| （新）退職金＝（基礎ポイント×基礎ポイント単価＋役割ポイント×役割ポイント単価） |

※1　基礎ポイント　　勤続により加算されるポイントで、退職時まで累積された総ポイントをいう。
　　　　　　　　　　功労褒賞的性格を一部残したポイントとする。
※2　役割ポイント　　任じられた役割に基づく等級に応じて加算されるポイントで、退職時まで累積された総ポイントをいう。
　　　　　　　　　　これは在職中の「質」の貢献度を反映した部分である。役割ごとにポイント値を設定する。
※3　ポイント単価　　1ポイント当たりの価額をいう。基礎ポイント単価、役割ポイント単価それぞれ規定する。
　　　　　　　　　　施行時は、両ポイント単価とも1ポイント＝10,000円とする。

以上のように、人事革新を進めるうえでの基本となる考え方とその考えに基づいた仕事（組織機能）主義の人事制度の導入を通して、組織の活性化に繋げていく方法を、プロジェクトの推進計画、仕事主義人事の概要、主要な人事諸制度の課題点検と革新方向を解説した。手段としては、数ある方法のうちの1つではあるが、実効性のある人事革新の実践の一助としていただきたい。

4 本章の重要なポイント

　生産性指標を中心に組織管理の仕組みを整え、目標管理によって全社目標を個人と連鎖し、各自の目標達成に向けて組織機能別に分担した役割の遂行とその成果を評価して各自の貢献を承認し賃金等に処遇反映する人事制度により各自のモチベーションを向上する経営管理が整備される。これによって、労働生産性を向上する内部環境が整うことになる。

1　組織管理による生産性向上の要約と重要ポイント

　経営戦略を具体的に実行するために組織形態、組織編制を点検し、再編成する必要があれば見直しを行う。これによって、事業を遂行する上での人的資源の投入（インプット）の計画を策定することができる。また、投入資源が円滑にアウトプットとして産出できているかを主要な経営指標により月次でモニタリングすることで、計画の進捗をタイムリーに把握し、インプットを有効にアウトプットに変換することができるようになる。

（重要なポイント）
・経営戦略に適応した組織形態を柔軟に選択し、迅速に決定する。
・経営計画の実行に関して月次業績管理でタイムリーに状況把握する。

2 目標管理による生産性向上の要約と重要ポイント

　経営戦略に基づいて策定された経営計画を実行するために、組織管理で選択した組織編制と業績管理指標に基づいて、全社の方針と目標を部門や個人に展開する手段が目標管理である。これによって、経営戦略や全社の方針・目標がスローガンに留まらず、部門や個人の具体的な目標達成行動に繋がっていくことが期待できる。

（重要なポイント）
・全社共通目標に向けた組織機能別の目標設定ガイドを策定し、大枠で方向性（ベクトル）を統一する。
・目標管理を人事評価に連動させることで個人別展開を促進する。

3 人事管理による生産性向上の要約と重要ポイント

　経営戦略で設定した方向に組織の中の個人を結集するためには、組織の存続条件や管理の諸原則と密接不可分な人事管理の仕組みを再設計（人事革新）することが、労働生産性の向上にとっては有効である。

（重要なポイント）
・属人的な要素に連動した人基準の人事制度から付加価値に関係する仕事（組織機能）分担と組織貢献度に報いるトータルとして整合性のある仕事（組織機能）基準の人事制度に再構築する。
・人事制度は、付加価値創出を意図した目標管理に連動した人事評価と人事評価に連動した処遇制度（賃金、賞与、退職金等）として再設計する。

　以上により、労働生産性＝付加価値額÷従業員数の更なる向上が促進されることになると期待できる。

第 4 章

生産性向上のための オペレーション
（製造・サービス機能編）

第4章 生産性向上のためのオペレーション
（製造・サービス機能編）

モノ作りにおいて生産性向上は永遠のテーマといえる。この章に記す基本的な事柄に加えて、昨今では更なる納期や時間短縮というスピードアップとともに、地球環境負荷軽減や製品の安全性向上、顧客ニーズのパーソナル化対応を求められている。

読者は既に生産性向上だとか、そのまた基本の５Ｓやカイゼンなどはとっくの昔からやっている、分かっている、今さらなんだ、興味なし、との思いではないかと推察する。しかし、５Ｓや改善活動がマンネリ化したり形骸化したりしている生産現場を筆者は数多く見て来た。

この章で記すのは、ごくごく基本的なことばかりではあるが、マンネリ化や形骸化を避け生産性向上活動を活力のあるものとするためには基本が大切であり、基本帰りの意味で記述する。

「生産性向上」や「改善・効率化」を考える時に必ず図表４－１のマトリックスを思い浮かべることにし、その一つ一つの窓の内容をそれぞれの生産現場に応じて考え対応することが大切である。

すなわち、横軸に経営資源（人・設備・製品・原材料・金・情報・技術）、縦軸にその構成要素（数量・質・コスト・納期・安全・環境・能力・新規性）を取りマトリックスを作る。そこで生じるそれぞれの窓に相応しい内容をモノ作

図表４－１　生産管理のマトリックス

経営資源 要素	人	設備	製品	原材料	金	情報	技術
数量	人員	台数	生産量	発注・在庫量	生産額	処理量	取扱技法数
品質/質	年齢・経歴						
コスト	工数単価						
納期（時間）	採用						
安全	安全衛生						
環境/環境負荷	作業環境						
能力	資格						
開発/新規性	年数・熟練						

り現場の状況に応じて定め、生産性向上、改善のネタを考え出すことである。

生産現場で経営者や工場長による訓示・指摘・指示などでよく耳にする言葉は、「生産性を良くしよう！」「効率化だ！」などである。

聞いている従業員は「生産性を向上しなければいけないのだ」「効率を上げなくては」と合点したように見受けられるが、具体的に何をするのか尋ねるとサッパリわかっていない例が多々見受けられる。

これはナゼなのか？

「生産性」とは、広辞苑によれば「生産過程に投入された一定の労働力その他の生産要素が生産物の算出に貢献する程度」とある。確かに間違いはないが、実際は「生産物の算出」だけではないところに発言者や指示者と聞き手との相互に納得のいかない行動が起こることになるのである。

生産性指標の基本については第1章で既に詳しく述べてられている。

生産性を式で表すとよく分かる。

経営資源の投入量（インプット）を分母に、分子を産出物（アウトプット）として表す。すなわち

$$生産性 = \frac{産出量}{投入量} = \frac{アウトプット（付加価値・売上・利益）}{インプット（経営資源＝人・モノ・時間など）}$$

と表し、分母・分子のそれぞれの内訳を明示することでハッキリと理解し合えるといえる。

ここで「付加価値」という語句がある。これも現場で作業する人達にとって、分かったようで分かりにくいものである。

付加価値を厳密に算出しようとすると第1章で述べられているように様々な方法があるが煩雑なので、大凡を算出するには以下の式、

$$\boxed{付加価値 ≒ 売上（生産高）－外部支払い}$$

で表すことができる。この「外部支払い」は原材料部品費、外注委託費、エネルギー費がほとんどと考えることができる。

また、一般的に用いられる生産性指標は、労働生産性の中の一人当たりの付加価値額を用いることが多く、次のように表すことができる。

第4章 生産性向上のためのオペレーション
（製造・サービス機能編）

$$\underset{\substack{\text{一人当たりの}\\\text{付加価値}}}{\dfrac{\text{付加価値}}{\text{従業員数}}} = \underset{\substack{\text{一人当たりの}\\\text{売上高}}}{\dfrac{\text{売上高}}{\text{従業員数}}} \times \underset{\text{付加価値率}}{\dfrac{\text{付加価値}}{\text{売上高}}} \quad (1)$$

$$= \underset{\text{設備投資効率}}{\dfrac{\text{付加価値}}{\text{有形固定資産}}} \times \underset{\text{労働装備率}}{\dfrac{\text{有形固定資産}}{\text{従業員数}}} \quad (2)$$

$$= \underset{\text{付加価値率}}{\dfrac{\text{付加価値}}{\text{売上高}}} \times \underset{\text{固定資産回転率}}{\dfrac{\text{売上高}}{\text{有形固定資産}}} \times \underset{\text{労働装備率}}{\dfrac{\text{有形固定資産}}{\text{従業員数}}} \quad (3)$$

　（1）で、一人当たりの売上高を増大することであれば、販売戦略が必要となり、付加価値率を上げようとすれば技術性の高い独自製品開発を行うことが必要となる。

　（2）（3）では、能率の良い、技術水準の高い設備や自動化および機械化を進めることとそれら設備の回転率を高めることが必要となる。

　労働生産性向上策の例を図表4－2に示した。

　ここで自社内での付加価値を論じる場合は、現場が理解しやすいように自社の実態に合わせた付加価値の定義をすることで構わないと考える。

　例えば、京セラ（稲盛和夫名誉会長）の有名なアメーバ経営では、時間当たりの付加価値、すなわち時間生産性を徹底的に追及している。

　また、一般に「生産性向上」といえば、まず「コストダウン（原価低減）」が念頭に浮かぶ。コストダウンはこの章だけに限ることなく、企業・組織のすべてのプロセスで取り組まなければならない事項である。

　本章では業務、開発・製造、サービスの3つのプロセスについて、生産性向上とコストダウンの関係を述べることにする。

　ここで、生産工程で生じる費用（経費）は、原価の4要素として図表4－3に示すように、直接経費と間接経費に大別することができ、この内直接経費は

図表4-2　労働生産性向上策の例

労働生産性向上策（付加価値／人員）	労働装備率向上（設備／人員）		設備近代化投資	高性能設備導入（NC, MC）
				自動化
				自動搬送化
				ＩＴ化
			工数低減	多能工化
				多工程持ち拡大
				省人化
				設備・工程レイアウト改善
				作業改善
				間接業務改善
				システム改善
				標準化、マニュアル化
				不良率低減
				モラール向上（小集団活動等）
				職場環境改善（5S、可視化）
	設備投資効率向上（付加価値／設備）	付加価値比率向上（付加価値／売上高）	製品の高付加価値化	新製品開発
				製品改良
				高機能化
			材料費比率低減	歩留り・収率向上
				価値分析（VA）・VE
				設計変更
			外注比率低減	内製／外作の見直し
				教育　指導　育成
				管理方法の改善
		設備回転率向上（売上高／設備）	設備稼働率向上	5S、自主保全
				シングル段取り化
				チョコ停防止
			設備能力向上	設備の高速化
				加工精度向上
				作業環境整備

　直接材料費、直接労務費、その他直接経費に分けられ、それぞれの内訳の費目を削減することがコストダウンなのである。

　コストダウンの方法は、図表4－4に示す生産の4要素（4M）の各項目について、質を上げ適切に保ち、数量・時間・価格を最小・最低限に抑え、消費する経費を削減することである。

　すなわち図表4－4でいえば、
・原材料・部品の単価やその調達方法をできるだけ安価になるよう工夫し、またその使用量を最小限にすること。
・用いる機械設備は高速・高能率のもので台数を最小適切にすること。
・携わる人・作業者の高能力化や時間工数単価を適切最小にすることおよび工数低減を行うこと。
・作業方法や生産方法は高効率のものを適切に選ぶことである。

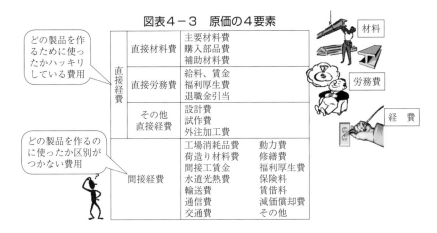

図表4-3　原価の4要素

直接経費	直接材料費	主要材料費 購入部品費 補助材料費
	直接労務費	給料、賃金 福利厚生費 退職金引当
	その他 直接経費	設計費 試作費 外注加工費
間接経費		工場消耗品費　動力費 荷造り材料費　修繕費 間接工賃金　　福利厚生費 水道光熱費　　保険料 輸送費　　　　賃借料 通信費　　　　減価償却費 交通費　　　　その他

どの製品を作るために使ったかハッキリしている費用

どの製品を作るのに使ったか区別がつかない費用

図表4-4　生産の4要素（4M）

原材料・部品	Material	原料、部材、部品 半製品
機械設備	Machine	連続、個別 サイズ（大・中・小型） 単能・万能機、複合機 普及機、注文特殊機 レイアウト、配置と台数
人・作業者	Man	正規社員、期間・臨時・派遣・嘱託社員 男性・女性、日本人・外国人 ベテラン・新人 単能工・多能工
方法	Method	連続、ロット、個別 コンベア、セル IT

　ここで前述した付加価値の式、

$$\text{付加価値} ≒ \text{売上（生産高）} - \text{外部支払い}$$

において原価の4要素（図表4-3）の項目の内で材料費、外注費、動力費などの外部支払いに当てはまる費用の低減を図れば付加価値を増大することができる。

　以上のことを踏まえて、業務プロセスと開発・製造プロセスおよびサービスプロセス改革での生産性向上について以下に述べることにする。

1　業務プロセス改革による生産性向上

1　業務プロセスにおける諸問題

　業務プロセスといえば、仕事のやり方の全てを含む。

　業務プロセスを円滑に運営するためには、その根底には５Ｓの徹底から「見える化」を進め、改善活動を継続的に実施するということになる。

　５Ｓ・見える化・カイゼンについては、各種様々な書籍や記事が既に存在し、多くの企業で実践されてきているので、詳細手法の内容についてはここでは触れることを避け、必要最低限の基本概念についてのみ記すことにする。

　５Ｓは一般的には、整理―整頓―清掃―清潔―躾と躾が最後になっている。５Ｓ活動を取り入れる時「我が社はまず整理―整頓―清掃の３Ｓから始める」という企業、特に中小企業にはよく見られるが、筆者は「躾なしにどうして整理―整頓―清掃がやれるの？」と常に問うことにしている。その理由は躾の定義で明らかである。

　躾とは「決めた事を常に決めた通り守ること」である。「整理しようね、整頓しようね、整理は必要なモノとそうでないモノを区別する、整頓はその必要なモノをいつでも必要なだけ取り出せるように収納場所や方法を決めることだね」。それならそのための決め事があるはず。その決め事をしっかり守って実行することが必要である。すなわち躾がまず必要となる。したがって、躾が先行しなければならないのである（図表４－５）。

　清掃・清潔も同じように躾が必要である。躾と他の４Ｓの関係を図示すると図表４-６となり、躾が中心に来ることを理解できる。

　そして躾のために様々な訓練や習慣作りがなされている。

　まず、気配りの心としての約束を守る、時間を守ることから始める。

　それは、より良い人間関係を作るためで、そのためには、ウソをつかない、隠し事をしない、言い訳しないということを実践する。さらに、守れない・守らない・守りにくいワケを聞き、その対策を取る。

図表4-5　5Sの内容

躾 Shitsuke：Self-discipline
　決めたことを常に決めた通りに守る
整理 Seiri：Shifting
　必要なモノと不要なモノを区別して、不要なモノは処分する
整頓 Seiton：Sorting
　必要なモノを必要なだけ誰でもすぐ取り出せるようにする
清掃 Seisou：Shining
　仕事中にきれいな状態を作り上げること、汚れたらすぐきれいにする
清潔 Seiketsu：Standardizaing
　常にきれいな状態を維持する

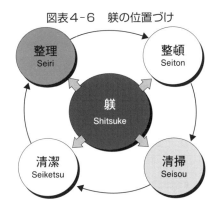

図表4-6　躾の位置づけ

　後始末・後片付けは人を喜ばす心なのであるが、後で使う人の身になって「後工程はお客さま」を実践する。

　そしてその習慣づけのために、感謝の心で挨拶の励行、実際にはお早うございます／お先に失礼します、ありがとうございます、失礼します／失礼いたします、申し訳ございません／ごめんなさいなどから始める。

　このようにまるで幼児や小学生でもやれるようなことであるが、現実は大の大人がやれていない場合が多く見られ、特にモノ作り現場ではこれらの基本ができていないことが多いのである。

　やった方が良いのは各人何となく分かっているけれど、今さら、照れくさい、といった感じなのである。

このような職場に良好なコミュニケーションは生まれにくい。挨拶の励行や約束の厳守などから職場の一体感が醸し出され、良好な職場環境がつくられていくのである。
　５Ｓはモノ作り現場の基本の「き」である。そして経営の根幹といえる。５Ｓのできていない所ではムダが多く、改善は進まないし、決して業績は良いとはいえない。
　改善に取り組むためには、現実の問題発見から始めなければならない。５Ｓの整備されていない所では、
・売上が伸びていないのに在庫が増える
・在庫があるのに欠品・手待ちが発生する
・モノの所在が分からず探し回る
・部屋に入ると雰囲気が暗い
・それ程古い建物でないのに、何となく汚い
・あちこちに物が置いてある、散乱している
・「とりあえず（置いておく）」の物が目につく
・経営幹部のパトロールがあるから、あわてて隠す、見た目を綺麗にする
・決めた事が守られない
など、必ず見られるものである。
　これでは生産性の向上や効率化は困難と言わざるを得ず、効率経営の基本ができていないということである。
　問題発見により対策のための改善を継続的に行うためには、問題発見のための「見える化（可視化）」ができなければならない。
　見える化により問題が明らかとなれば、何をするべきかがわかるので、対処するべく行動を起こし、その結果問題が解決されることになる。
　５Ｓの徹底により、見える化ができるようになり、見える化の進展に伴って問題発見が容易となり、解決するべき課題が明確になって改善が進むという好循環の道筋を構築することが重要である。

2 業務プロセス改革のための諸対策

(1) 5S活動の定着

5Sが定着しない理由
・掃除と片付けだけの、美化運動
・トップ不在で形ばかりの活動
・推進体制が不明瞭で役割分担が不明確
・働く人達に5S活動本来の目的を周知していない
・時間外や就業後の活動にしていて、イヤイヤやらされている
・職場ミーティングなど継続のための活動がやれていない

VS

うまく行く5S
・トップが先頭に立ち、
・社員全員参加で、
・日々の就業時間内の活動を通じて、
・職場改善のタネを見つける目を養い、
・ムダを省いて改善し、付加価値を生む職場活動となっている

　中堅・中小企業で5Sがうまく社内に浸透し定着するか否かは、経営トップ次第といって過言でない。経営トップが5Sの先行企業の活動を自分の目で見て触発され、採り入れることを決めたら自らが率先して実行することが大切である。

　筆者は、ある企業で、冬の寒い朝の7時前に会社の門に経営者が立って社員がマイカー通勤して来るのを見守っている光景に出合ったことがある。「社長！えらく早くからどうなさったのですか？」と問いかけたところ、「シートベルト着用が守られているか確認している、未着用なら即刻帰宅を命じている」と言う。これは躾の徹底である。この経営者は時間が許せば常に工場を巡回し、作業環境の不備があれば直ぐ対処することを心掛けておられた。このような企業

では全員参加の５Ｓ活動は日常業務に溶け込み自然に体が動く状態となる。すなわち、各職場の従業員は自分の持ち場を常に点検することが習慣となっていて、月１回の５Ｓ委員会による巡回点検で優れた評価を受けると年度末に行われる審査会により表彰されることになっていた。

　実際この企業の業績は順調で、顧客企業からも大切にされる存在であった。

　５Ｓが定着すれば、見える化も容易となる。見える化の意義を図表４－７に示した。

図表４－７　生産現場の「見える化」の３つの意義

	意義	内容	仕組み	狙い
1	異常の早期発見 (ロス・トラブルの予防⇒未然防止)	見る側の意向にかかわらず、目に飛び込んでくる状態	人が努力しなくても、自然に気付かせてくれる	適時性
2	誤判断・誤操作・不注意・忘却の防止	ヒューマン・エラーの予防	覚えないで済む 判断しないで済む 注意しないで済む	正確性
3	点検の効率化・簡便化	劣化を測り、適切な稼動を保証する	劣化の見やすい環境 手間のかからない点検 判断がいらない	迅速性

　　　　　　　　　　　　　　　　　　　　　　　　　改善のネタ

（２）ＱＣ７つ道具を使って見える化

　人は見えないモノには手が打てないが、見えれば何がよく何が悪いかは判断でき、手を打つことができるようになる。「見える化」することで改善のネタを発見できるようになる。見える化の対象になる項目は図表４－８のようなものがあげられる。

　では「見える化」するためにはどうすれば良いのか、製造現場では古くから品質管理のためのＱＣ７つ道具なるものが使われている。すなわち、グラフ、チェックシート、パレート図、特性要因図、ヒストグラム、散布図、管理図である。

　ＱＣ７つ道具を駆使し問題発見をして、課題設定となる。課題設定ができれば、現状を認識把握し、解決取組みの計画・目標を設定し、要因を分析し真の

図表4-8　見える化の対象

経営要素	ねらい	「見える化」のための方法例
品質(Q)	品質意識の向上	標語、ポスター、その他啓蒙表示
	品質月間	標語、ポスター、その他啓蒙表示
	官能的な判定基準	限度見本
	不良品の「見える化」	不良展示台、不良品現物グラフ、品質不良速報、ナゼナゼ分析シート、重要品質特性管理表、工程能力指数推移図表、製品・工程別不良損金推移図表など
原価(C)	原価・ムダ意識向上	標語、ポスター、その他啓蒙表示
	在庫抑制	棚・区画・邪魔板などによる物理的規制、赤札作戦による時間的規制
	原単位・ムダの「見える化」	時間当たり電気料金表示、水・蒸気漏れなどの警告表示
納期(D)	納期・リードタイム短縮意識の向上	取引先・製品別納期遅れ一覧表、顧客・製品別指定納期達成状況表、製品・工程別リードタイム推移表、調達リードタイム推移表など標語、ポスター、その他啓蒙表示
	重要部品の納期事前督促	カムアップ表示
	作業指示・進度の「見える化」	差立て板、工程別進度管理板
	欠品防止と在庫抑制	各種カンバン、発注カード
安全(S)	安全意識の向上	標語、ポスター、ヒヤリ・ハット分析パレート図、危害分析表、各種チェック表、その他啓蒙表示
	ゼロ災害運動・危険予知	標語、ポスター、危機予知シート、指差呼称、その他啓蒙表示
	無災害記録	標語、ポスター、記録証、その他啓蒙表示
	安全月間・週間	標語、ポスター、その他啓蒙表示
人財(M)	人財育成、改革意識の向上	標語、ポスター、その他啓蒙表示
	改革提案・表彰の「見える化」	改革提案表示・推移図表、展示・陳列など
	資格取得者・挑戦者の「見える化」	スキルマップ及びアップ図表、資格取得・挑戦者表示板
効率(P)	効率・生産性意識向上	工程別生産性・作業効率推移図表、標語、ポスター、その他啓蒙表示
	機械設備・装置の稼動表示	稼動表示板、設備稼働率推移図表、アンドンなど
	仕掛書類の「見える化」	仕掛書類の定置、立て置き化

要因に絞り込み、対策の立案と実行、その結果に効果があったのか目標の達成となったのか、効果があったのなら標準化し、その対策を元に戻らないようにする、もしとった対策に十分な効果がなければ再度要因の分析を行い真の要因を追求し対策を講じるというフィードバックをかけるのである。これはよく知られているQCストーリー（図表4-9）による問題解決である。

「企業は問題発生業」と言われるように生産現場は問題だらけといえる。

ここで「問題」とは、図表4-10に示すように現状とあるべき・ありたい姿や目標との差（ギャップ）を意味する。

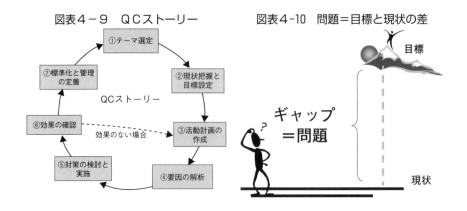

図表4-9 QCストーリー　　図表4-10 問題＝目標と現状の差

　不良品を無くしたい、品質レベルを上げたい、コストを1円でも下げたい、納期を1日、1時間、1分でも短縮したい、安全・安心の製品作りをしたいなど、全ては顧客に喜んでいただきたい一心によるものである。しかし、現状はまだまだ十分でないとすれば、問題は山積といえる。

（3）改善のECRS

　改善とは、
・お金を極力使わずに、
・智恵を出して、
・これまでのやり方を変え、
・品質を向上し、
・短納期・短サイクル・スピードアップし、
・サービスを向上し、
・安全・安心で、地球環境負荷を軽減することにより、
・原価を下げ、競争力を高めること。

　すなわち、品質Q、コストC、納期D、環境E（安全・安心を含む）をバランスよく向上させることを意味する。
　改善を進める手法としては、改善の4原則ECRSがあり、図表4-11に示

すように、排除、結合と分割、交換、簡素化により作業工程を改善することができる。

図表4－11　改善の4原則ＥＣＲＳ

E	排除	Eliminate	それは何のためにあるのか、なぜやっているのか、やめられないか、やめたらどうなるのか、不必要ではないか。 例えば、加工や検査、前工程と後工程との重複作業、作業の不備から発生する選別や調整作業など。不良などの対策として生まれた暫定作業が定着したものなど。
C	結合と分割	Combine & Partition	一緒にならないか、分けたらどうなる。異なる機能や作業を結合または1つのものを分割する。 例えば、ある作業と別の作業、また一連の作業を一緒にできないか。機械作業での自動送り時間を利用して、バリ取りやツヤ出し作業を行うなど2つの機能を一緒にすることで、まとめて処理できないか。
R	交換	Rearrange	順序を変える。作業や工程の順序を入れ換えてみる。押してだめなら引いてみる、逆発想。 例えば、鋳物のバリ取り、下塗り塗装を機械加工の前に持ってくる。材料の寸法選別工程を初工程に持ってくる、ネジの製造に、ネジ切りから転造に変えるなど。
S	簡素化	Simplify	もっと簡単にならないか。無くすことができないなら簡素化を考える。 例えば、ストッパーを付けて、位置決めを単純化するなど。

　以下に述べる事例については、

①直面する経営課題

②現状認識、すなわち課題の原因・要因

③課題解決のために講じた対応策

④更なる改善課題

を順に記述する。

3　事例1（多品種少量・短納期対応）

業種	鋼板加工・販売、板金プレス・加工
主製品	金属板コイル、板金プレス加工、部品製作
資本金	2,400万円
年間売上	150億円
人員数	60名
特徴	各種金属材料の板材を常時在庫し、顧客の急な要望に応える。多品種・極小ロット対応 板材の調達から、曲げ・切断・プレス加工、組立て、物流まで一貫体制構築

①経営課題

　国内大手家電メーカーへの多種金属素材で多サイズ金属板を提供してきたが、客先の工場が海外展開することにより受注量の減少という経営上大きな問題が生じた。

　この対策として新規顧客開拓を進めて顧客数の増大を図った。その結果短納期受注の増加、小口受注や小口在庫増大による在庫増と多品種化を生じることになった。

　多品種少量、短納期対応は世の流れとしても、在庫管理の精度向上、在庫スペースの確保、多品種短納期をこなすための設備増強、加工技術の高度化と技術者の養成、シングル段取り化、作業環境整備などと解決するべき課題は次々と発生した。

②現状認識（原因・要因）

・在庫増への対応として製品の段積みによるキズ、凹みの多発。
・納期1週間から3日に短縮し、そして翌日・即日納品への客先要望
・多品種・極小ロット化による在庫切れ、欠品の発生
・鋼種の多様化とサイズや表面性の多様化という客先仕様の多様化
・客先生産現場の多様化（大量一括生産、セル生産）へのフレキシブル対応とジャストインタイム納品を要求される客先が多くなった。

③対応策
a．社長の陣頭指揮による５Ｓ活動の活発化

　この会社の５Ｓ活動は、地域の企業に倒産寸前までいって５Ｓを徹底的に実施し立ち直らせた企業があり、これを目の当たりに見て、社長が一念発起し５Ｓを取り入れようと決断したことから始まった。

　この社長は先代創業社長から経営を任されて３年目であり、当時の社員は先代時代の技能者いわば職人が多く、「我々の今までのやり方のどこいかんのだ！」「業績は何とか行けているではないか」「現場のこともよく分かっていない若社長が何を言ってんだ！」「俺たちに任せとけばいいんだ！」と当初社長が５Ｓを叫んでも見向きもしない状態であった。しばらくの間、社長と古参社員とのにらみ合いが続いた。社長もナゼわかってくれないか悩み悶々とする日々であった。

　社長は、とにかく自分が範を示さなければならないと、職場の掃除や整理に黙々と励むこと半年、若手社員の１人が社長の行動を見かねて、一緒に手伝うようになった。社長はこの若手社員に他社で見た５Ｓ活動の内容を熱心に説明すると共に、社長自身が触発された地域の企業に見学につれて行った。このことを聞いた別の若手社員２人も同調するようになった。

　そこで社長は、この若手社員３人とチームを作り、板金加工の一区画の職場を持ち分として５Ｓ活動を試験的に実行してみた。当初はどのようにやっていいか分からずのこともあったが、自分たちの職場で、必要な工具を探し回る、油汚れで薄汚い、作業者は朝出社しても何となく持ち場に就き、それぞれ黙々と仕事をこなし、終われば必要事項だけ報告し、いつの間にか退社する状態であったが、まずは出社時に顔を見れば挨拶することから始めて、日々使用する工具の置き場を手近かな所に明確に定め、めったに使わない工具の置き場を定め収納することから始めた。

　次に自分たちの使う設備の拭き掃除から始め、綺麗になった状態を維持するため常にウエスを使って油汚れを見つけたらすぐ拭き取ることを習慣付けることにした。しかし、これを実行することに手間取った。作業に熱中するとどうしても油の飛散やこぼれに気付かず作業を続け黒ずんでくるのである。そこで

毎朝作業する前にチーム内で自分の持ち場以外の設備を見て回りお互いに注意し合うことにして対応することで克服できた。
　チームの4人でお互い励まし合い声を掛け合い、活動を何とか進める内に、隣の職場と比べると明らかにきれいになり、活気が出てきたことがわかるようになったのが半年後であった。チーム内に活気と結束ができるようになって、今度は自分たちの職場を「ねずみ色からの脱皮」と称し、休みを返上して床・柱のペンキ塗りを実施して、翌週出社してきた他の社員がビックリするようなカラーフルな職場となった。そのカラーフルさを保つためにチーム全員が努めて清掃に励んだことにより、隣の職場も負けじと真似するようになったのである。
　ここまでくればしめたもの、社長は5S委員会を設定し、自らも推進委員となって加わり、全社員対象に職場単位チーム編成を行い、それぞれの分担範囲を定め、5Sの状況を競わせることにした。最後まで抵抗していた年輩職人社員も渋々ながらも一人二人と次々チームに加わるようになった。
　そして月1回、5Sパトロールを実施し、年度末に巡回点検評価の高得点チーム表彰や貢献度の高い個人表彰を実施するようになって、3年目にして社長自らの推進委員は辞め、今は社員が自主的に活動を推進できるようになったのである。
　5S活動が定着にこぎつけた段階で、改善活動を本格的に実施することにした。5S委員会を改め「5S改(ごえすかい)」と称し5Sと改善活動を合わせて行うことにしたのである。

b．改善活動
　この会社の材料と製品は重量物である。その搬入・搬送・積替え・取付取外し作業は重労働と危険作業を強いられる。そこで5S活動で余裕のできたスペースを活用し移動距離をできるだけ少なくし、人力作業を止め、天井クレーンの増設・強化を積極的に行うと共に搬送治具の工夫を重ねた。ここで社員からの改善提案を活かし、スペースの有効活用や悩まされ続けていた製品の段積みによるキズ・凹み発生の不良を製品間に特殊な緩衝材を挟むことで皆無にするという大きな成果を生むことができた。

これも「５Ｓ改」の成果であるが、機械設備別に稼働管理することによりリードタイム短縮にも効果を上げた。
　さらに、工場内にプレス、シャーリング、レベリング、スリッターなど一連の設備を導入増強することにより一次加工から部品製造まで一貫生産体制を敷くにまでなったのである。

④生産性は向上したかの評価

　上記の「５Ｓ改」の結果、製品の安定供給と品質安定による信頼性向上がレベルアップしたことと潤滑油や切削油を多用する職場に関わらず油汚れが皆無となり、カラーフルな綺麗な生産現場となり、この綺麗さを常時保つことにより客先からの監査や工場見学で好評を得ることとなり、客先からの安心感や高評価を得ることになり、新たな受注につながるようになった。
　この会社での生産性向上は明らかである。

$$生産性＝付加価値÷投入時間$$

とすれば、リードタイム短縮による時間生産性向上による分母の圧縮、さらに分子の拡大としては、一次加工から部品製造まで一貫生産体制による付加価値の増大、顧客のニーズにリアルタイム対応による受注量増、大量生産から多品種小ロット生産、単品生産も可能になって受注量拡大、客先による工場査察で安全・安心、スピーディの好印象を与え、受注拡大、リピート受注、紹介客の増加ということになる。
　「５Ｓ改」活動の成果を近隣企業にも見てもらい、見学者には必ずアンケートを記入してもらい、その評価を期待し、更なる進展を図って活動の活性化を進めることとしている。

⑤改善取組

　この会社では、次なる取組みとして以下のようなことに挑戦している。

a．「５Ｓ改」をゲーム感覚で取り組み、５Ｓや改善活動を楽しみながら行う風土作り
b．原材料および製品が鉄であることを活かしたリサイクル、リユースの徹底、廃棄物削減でゼロエミッションへの挑戦
c．５ゼロ活動の徹底

災害・クレーム・社内不良・納期遅延・滞留在庫ゼロを目指す
d．設備メンテナンスの充実、人と製品の導線の改善
e．不適合発生に対し原因究明を徹底し、作業手順書改訂の徹底
f．チームから従業員一人ひとりに至るまで役割の明確化と目標管理

2　開発・製造プロセス改革による生産性向上

1　開発・製造プロセスにおける諸問題

　製造業において、もの作り工程そのものをアウトソーシングしていない限り開発・製造プロセスは存在すると考えられる。開発のプロセスを持たず、製造プロセスしか持たない製造業もある。また、アウトソーシング受託や工程受託であって、いわば下請といわれるもので、技能・労働力提供の賃加工といわれるものもある。

　一般的なモノ作りのプロセスの概要を例示すれば図表4－12となる。

　すなわち、経営陣（取締役会）の意思決定により経営方針や商品開発の方向が定まり、企画・研究開発→設計→販売計画と生産計画→必要資材の調達・購

図表4－12　一般的製造業のプロセス概要

買→製造指示・作業配分→加工→組み立て→検査→梱包・出荷→在庫・保管→販売→利益配分を経て元に戻るサイクルである。

　どのプロセスを自前でやり、どのプロセスを外部に頼るか、これは単に一部門が判断することではなく、企業の経営戦略に関わることである。

　外注（アウトソーシング）か内作か、重要な経営判断である。

　この判断基準は、図表4-13に示すように自社の経営資源や経営環境に依存する。

　メーカーでありながらまったく工場を持たないファブレス企業もあれば、逆にアウトソースしていたものを自社内に取込むということも経営戦略上あり得る。全ては、経営の意思決定次第である。

　技術力や製造力の高い中堅・中小企業が生産することに専門特化して、販売は別の企業に任せる例は非常に多く見られる。

　また、自社製品を持たず、客先の企画開発・設計に基づき製造し、客先がその製品を購入し組立て最終製品に仕上げ販売することも頻繁に行われている。

　自社製品を持ち自社のブランドで販売することは利益も見込めるし、企業価値も上がることで、多くの中堅・中小企業が望むところである。

　また、設計から検査までを例にとってもどの段階を分担するか、種々考えられる（図表4-14）。

図表4-13　アウトソーシングの判断基準

①	技術	親会社にない設備や技術をもっている
②	価格	人件費の違い、所有設備や技術をみた時親会社よりコストが安くなる
③	能力	需要変動の緩衝になる
④	資本	過重投資を避け、資金負担を軽減できる
⑤	労務	親会社の労務対策上、例えば労働条件が過酷な場合
⑥	企業関係	資本系列、グループ企業、業務提携などによる育成強化

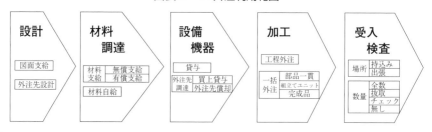

図表4−14 外注利用範囲

全段階を自社で行うこともできるし、加工段階のみ自社で行うこともできる。検査段階のみ自社で行い前段階はすべて外注というのも多く存在する。

元請け−一次下請け−二次下請け−三次下請けとピラミッド状の企業集団が成立することにもなる。

開発プロセスの流れの一例を図表4−15に示す。

開発テーマ設定から各種調査に始まって試作を重ね生産設備の整備や試作、量産試作、テスト販売などを重ねて量産となる一例である。

いずれにしろ、顧客と想定される市場のニーズを的確にとらえた開発が必要なことは間違いない。新製品開発の成功確率を上げるには、いかに既存の顧客あるいは顧客になると想定される潜在顧客のニーズや市場ニーズに適した新製品を開発することができるかに尽きる。

第4章　生産性向上のためのオペレーション
（製造・サービス機能編）

図表4-15　開発プロセスフロー例

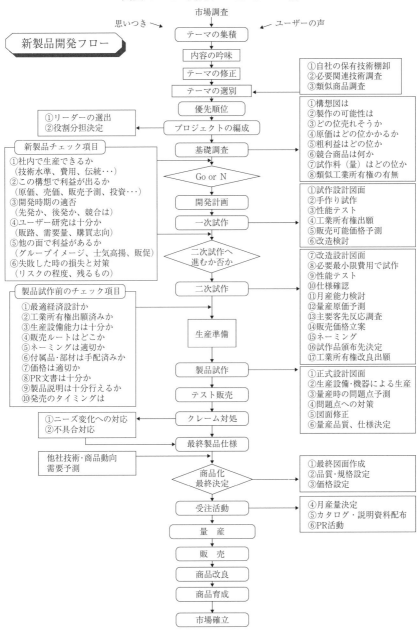

図表4-16に示す技術・市場マトリックスにおいて、研究室や大手企業の研究所であれば全く新しい、すなわちシーズの開発から取り掛かることもあるが（③）、一般的中堅・中小企業では市場のニーズを吸い上げた開発が求められる。

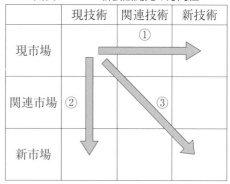

図表4-16　新製品開発の方向性

既存商品の改良商品を既存市場への投入（①）あるいは既存商品を新市場への投入（②）は手堅い手法といえ、最も多くとられる手段である。

中堅・中小企業の開発担当者がよく陥る過ちは、開発する側、作る側の都合で新製品を開発してしまうことである。開発者の創造力を生かし独創的製品を生み出すことは大いに結構なことであるが、技術力や発想力に自ら溺れて、いうならばプロダクトアウトの製品開発をしてしまうことである。そうではなくマーケットインすなわち市場のニーズを的確にとらえ市場ニーズに適った製品開発とするべきである。

筆者が現実に体験したことであるが、まだブラウン管テレビの時代、ある中堅家電メーカーからテレビ付き冷蔵庫なるものが開発され新発売された。当時の冷蔵庫は上部に冷凍室、下部が冷蔵室の2室型が普及していた。ここにブラウン管テレビを内蔵しようとするので、冷凍室を犠牲に、というより冷凍室にテレビを埋め込んだようなテレビ付き冷蔵庫である。冷凍室がなく、冷蔵室のみのものである。台所で主婦が料理番組を見ながら料理をする時に便利、またドラマをチラチラ見ながら料理する楽しみという発想の下に開発されたものと推測できた。

案の定まったく売れなかった。複数の機能を持つ製品を組み合わせた複合製品は成功する場合もあるが、どっちつかずの中途半端な製品となる危険性がある。

もちろん複合製品で成功している例も多くある。いうならばユーザーの使い勝手や双方の利点を十分生かしたものであれば受け入れられるが、中途半端な複合製品はダメだという好例である。

次に、製造プロセスについて記す。

顧客価値向上と従業員満足を高めるために、図表4－4に示した生産の4要素（4M）、すなわち原材料・部品、機械設備、人・作業者、方法のそれぞれについてあるべき姿、すなわち
・原材料・部品は在来のもののままで良いのか、また入手方法についても見直すことが必要ではないのか。
・機械設備についてもレイアウトを含めて最適と考えられるのか。
・同じく人の内容や構成についてはどうか。
・現在用いている方法そのものを抜本的に変える必要はないのか。

4Mの一つ一つの要素やその内容について現在の経営環境や顧客ニーズを満たすのに適切か、また4M以外の経営資源も有効に活用できているのか、製造プロセスには問題は山積しているはずである。

さらに、顧客の要求はますます細分化されているので、生産方式や生産形態についても、顧客からの注文（受注）と実際生産に入る時期、生産品種と生産量の多少、仕事の流し方の3要因によって図表4－17のように分かれる。

現在の生産方式が適しているのか、改める必要はないのか。例えば従来まとめて生産しているが、在庫は増えていないか、まとめ生産よりも個別生産に切り替えるべきではないのか。ここでも問題は山積しているということになる。

さきにも述べたように、開発・製造プロセスの問題は、その企業・組織の置かれている経営環境や顧客・市場のニーズによって、それぞれ異なるのである。

図表4-17　生産の方式

区分の仕方	名称	概要
注文と生産との時間的関係	受注生産	注文を受けてから生産に着手する
	見込生産	予め需要を見込んで生産しておく
生産品種と生産量の多少	多品種少量生産	同一の生産設備で類似性の低い製品を多品種、しかも1品種当たり少量ずつ生産する。消費者の嗜好やニーズの多様化により、同じものを一度に生産する量（ロット）はますます小さくなり、色や付属品の違いで品種が多くなる。
	少品種多量生産	同一生産設備で類似性の高い製品を少品種に限定して、1品種当たり多量に生産する。例えば、メモリーチップ、CD、乾電池、電球、半導体部品……など。
	中品種中量生産	上欄2種の中間
仕事の流し方	個別生産	個々の注文に応じて多種多様な1個あるいは少量ずつ、その都度生産する方式で、同じモノを同じ時期に繰り返し生産する見込みの少ないものの生産方式。戸建住宅の生産は典型的な例。
	ロット生産	同一生産設備で、類似性の高い製品を一定数量まとめて、定期的に繰り返し生産する方式。個別生産と連続生産の中間的な生産ともいえる。一度の調色で100缶分の塗料を作るのはロット生産の例。
	連続生産	標準化した同一の製品を専用設備で一定期間連続して反復的に生産する方式。ビニルパイプやホースを連続的に生産するのは連続生産の例。

2　開発・製造プロセス改革のための諸対策

　一般的なモノ作りは前述した。どの部分の組み合わせや並び方を変えるか、生産の4要素（4M）（図表4-4）を見据えて改めることがその企業にとって開発・製造プロセス改革になる。上述のように経営戦略上から見直し改革していくことになる。
　対応策とは、現状とあるべき姿とのギャップを埋める方策である。その基本で根幹になるのは既述の4Mの内容ごとの3ム（ムダ、ムラ、ムリ）、すなわちダラリ取りで特にムダ取りは重要といえる。
　ムダは削除、ムラはできるだけ平準化、ムリは低減を図ることが必要である。この3ムは生産の4要素（4M）ごとに図表4-18のように、それぞれ存在し

図表4−18　3ムと4M

4M＼3ム	ムダ 能力以下のことしかやれない	ムラ 能力や負荷のバラツキが多い	ムリ 能力以上のことをやろうとする
人 Man	・余裕、手待ちが多い ・不要な動き ・技能不足	・人員確保体制の未確立 ・人員配置不適切 ・ペースメーカー不在	・守られない、実行できない基準 ・無理な作業姿勢 ・能力を著しく超えた作業要求
設備 Machine	・設備能力過剰 ・調整作業の過多 ・段取りの短縮不足（シングル化） ・空気の加工（空運転）	・各設備間の能力アンバランス ・不適切な流れや配置 ・待ち時間、空き時間	・設備能力不足 ・機械精度不足 ・人力への過度な依存 ・危険な作業、劣悪な作業環境
モノ Matter	・過剰在庫 ・手直し、作り直し、やり直し ・データ放置 ・エネルギーロス、漏れ	・機能・性能、品質、仕上がりが不安定 ・受注、生産、納期にバラツキ	・無理な品質要求 ・能力以上の受注 ・嫌がらせ、外注先いじめ
方法 Method	・目で見える管理不備 ・不要な運搬 ・不要な検査 ・物探し	・生産計画が不安定 ・口頭指示の横行 ・作業手順が不明確 ・作業の質と量のムラ	・過度な注意力依存 ・不適切な作業環境 ・多過ぎる記帳

ているので、自社・自組織を見直して、その削除や低減を図ることが必要である。

　図では縦に4M、横に3ム（ダラリ）を示し、それぞれの窓に内容を例示しているので参考にして3ム取りを進めていくとよい。

　3ム取りをどのような視点で行えば良いのか、それは先にも述べた「改善の4原則ECRS」（図表4−11）すなわち排除、結合と分割、交換、簡素化によるということになる。

　まずは、その作業、その工程を無くすことはできないのか、その作業や工程を同時並行的にやれないか、作業や工程の順を入れ替えてみてはどうか、さらに作業や工程をもっと簡単に行えるようにできないのかを考えてみることである。

　この結果、3ムを削減し、在庫を減らし、製造作業の整流化を図って、さら

にムダをなくしていくことである。

　在庫を減らすということについて、「在庫は罪悪である」とも極言される。確かに無駄な在庫はなくさなければならない。トヨタ生産方式のＪＩＴで知られるように、必要な時に必要なモノが必要な量、手に入ることが理想であるが図表４－19に示す在庫のメリット・デメリットや必要のある在庫を十分理解した上での対応が必要といえる。

　特に図表４-20の②③⑤は極力少なくすることを考えなければならない。また④は発注側と納品側の力関係にも左右される。

図表４－19　在庫のメリット・デメリット

メリット	デメリット
・急な受注に応えられるし、納期遅れや欠品を避けることができる。 ・また設備や作業者のトラブル、不良品の発生があっても納品が可能（サービスの向上）。 ・一度にまとめて発注すれば、発注の手間が省けるし、価格交渉が有利（購入価格引き下げ）。	・倉庫料、保険料、人件費などの経費増大。 ・資本の固定化、運転資金や利息の発生。 ・流行遅れ、技術的遅れ、腐敗などによる陳腐化、死蔵化、値下がりの危険性があり、在庫のための場所の占有、持ち運びや保管などの費用発生がある。

図表４－20　有効在庫（有意義な在庫）の種類

①クッション在庫	年間の需要が季節などにより変動し、需要のピーク時には生産が間に合わない場合、不需要期に生産し造り貯めておく在庫。ex. ビール、クーラー、新学期需要の衣料や文具、バレンタインチョコレートなど。
②納期維持在庫	商品を即納するための製品、半製品、部品、材料の在庫。
③安全在庫	予想以上の需要増、調達遅れによる品切れ防止に備えた在庫。
④経済的注文量在庫	一定単位量以上の購入により、輸送コスト節減や割引価格に対応するために発生する在庫。
⑤仕掛り在庫	生産工程上発生する在庫、極力減らす工夫が必要。
⑥備蓄在庫	農水産物の端境期、人災（戦争・犯罪・ストライキ）や天災（天候不順・災害）に備えた在庫。
⑦投機在庫	価格変動の激しい価格投機のある原材料を低価格時に購入することにより発生する在庫。　ex. 木材、小豆など。

以上を勘案して、コンベア生産とセル生産、作業者の単能工と多能工、生産力のある大型、多機能機と小型・軽量・安価な設備の活用、をそれぞれの状況に応じて決めなければならない。

生産の量がそれ程多く望めない一般的な中小企業では、個別生産、セル生産が望ましいといえるが、作業者の多能工化がある程度進んでいないとうまく行かないのが実状といえる。

3　事例2－1（プラスチック成型加工業から原材料－成形－後加工の一貫生産化）

業種	プラスチック成型品製造
主製品	水回り住設ユニットおよび部材、水タンク
資本金	3億円
年間売上	25億円
人員数	120名
特徴	成形材料から成形品まで一貫生産 製品設計から成形技術開発まで行う

①経営課題

当社はFRP製住設部材を機械成形することから始まったが、規模の小さい同業者が群雄割拠する住設部材業界にあり、成形品の価格がkg単価で算出され取引される市場習慣で、折角工夫しても機能やデザインが価格に反映されにくく価格のみが先行する競争の激しい業界である。

当社は原料である成形材料を供給する大手樹脂メーカーと客先である強力な大手住設機器メーカーとの板挟みで利益を出しにくく、繁栄なき繁忙の連続となっていた。

また、当社の販売力はライバル他社に比べ弱体で、客先の価格要求だけ追随する傾向が強く、生産部門は戦略性に乏しい営業活動に振り回され、設備投資に見合う生産量確保ができない状態であった。

当社製品は原料とする成形材料によって成形品の性能や品質が大きく左右さ

れる傾向が強く、性能と品質は原料メーカー頼みとなっていた。
②現状認識（原因・要因）

　上記のような市場環境の中で、製品にこれといった特徴の出せない一成形加工メーカーとしては競争力の乏しい状態で価格競争に巻き込まれる状況にあった。

　経費面では大型設備導入で償却費負担が大きく、製造部門の従業員は勤続年数の長い年配者が多く高賃金体質といえる。原料樹脂メーカー出身技術者が技術部門を占めているので成形技術力は高いが製品に独自性が乏しく、低付加価値の状況であった。

③対応策

　ライバル等に比べ優れた技術力の特性を生かして、成形材料の内作化を実現して、一成形加工メーカーから成形材料と成形加工の一貫生産メーカーへ製造プロセス改革を図った。これに伴い成形材料配合技術を開発し、顧客ニーズや市場ニーズを少し先読みした商品開発を実現することにより独自性を確立するようになった。

　さらに主要成形加工設備に関わる周辺設備の機械化・自動化を積極的段階的に行い、成形材料に特徴をもたし、成形品加工技術開発および成形後の後加工技術開発も行うことにより独自性のある成形加工一貫メーカーとしての企業基盤の確立を行うことができたのである。

④生産性は向上したかの評価

　横並びで独自性のない多少の工夫の製品ではkg単価でしか売れない市場で、成形材料の工夫により独自性のある性能を有する成形品を実現することが可能になり、デザイン性も評価されることで付加価値は倍増、成形材料部門の人員増があっても生産性すなわち一人当たりの生産高・付加価値は大幅に向上した。成形材料分野は他社の参入や真似の難易度が比較的高いため優位性を維持することができた。

　従来の一成形加工メーカーから成形材料＋成形加工の一貫生産を実現したことで、開発・製造プロセスの抜本的改革により生産性を向上させたことは明らかである。

⑤更なる改善取組

　技術開発型の傾向の強い企業体質を活かし、市場ニーズ・顧客ニーズを的確に把握するための仕組み作りおよび営業体制作り、さらに独自性の強化のため、更なる成形材料技術開発に注力すること。

3　事例2-2（加工外注から設計・製作・メンテナンスまで）

業種	産業用機械・測定機械・事務用機械の設計・製造・組立て
主製品	電機・車輌向け生産・検査・搬送ライン設備、紙用製袋印刷設備、特殊モーター、航空機用部品整備
資本金	4,000万円
年間売上	30億円
人員数	160名
特徴	生産ライン設備内での画像処理検査装置を組み込んだ搬送ラインの設計・製造・組立て、機械と電子両面の組み込み技術

①経営課題

　大手精密機械メーカーの部品加工および修理下請けからスタートし長年かけて企業の基盤を築いて来た。この部品加工・修理は明らかに賃加工・下請けであった。

　創業者やそれを取り巻く幹部達は技能面では優れた職人であり、また創業者自身は技術的なアイデアにも優れていて研究開発型中小企業の体をなしていた。この大手メーカー依存の下請けを脱却しようと加工部門を育てることに何度も挑戦したが果たせずじまいの状態が続いていた。創業者の子息が大学卒業後3年間中小製造業で武者修行してから将来の後継者として入社した。

　当時の経営幹部は創業者の右腕・左腕としての職人気質の強い人たちで、若い者を育てようという気概は全く無く、自分たちの保身を考えるのみで創業者の意向通りにしか動こうとしなかった。

　創業者が望む脱下請け、脱賃加工仕事を実現するためには営業力が必要であるが、創業者自身が有能な技術者であったため営業戦略を描けず、また自身の

技術者としての成功体験にこだわりがあるため、受注活動を他人に任せることができずしまいであった。

相変わらず大手企業の賃加工仕事が売上のほとんどであったが、長年挑戦してきた自社開発・加工組立ての仕事は少しずつだが芽生えていた。

取引銀行や商工会等での出会いから自動機の製作の引き合いがあり、持ち前の挑戦意欲から試行錯誤して注文通りの設備を開発納入することに成功した。

これを契機として、自社開発機器の受注を狙ったが、受注先との守秘義務や技術契約で制約された。機械設計製作にはかなり自信をもつようになって単発の受注を手掛けていたが、世の中の自動化・電子化の流れで機械設計のみでは時代遅れの感を呈するようになり、電子設計技術者の充実が急務となったが、リーマンショックもあり受注減で苦境にさらされていたので実現しなかった。

②現状認識（原因・要因）

それでも苦境の中で地道にコツコツと客先要求に応えることを続けた結果、創業者の確立した受託型機械設計加工組立ての分野は人材も十分とはいえないながら最低限揃うこととなったが、これはあくまで客先設計のものを製造しやすいように自社で修正設計し加工・組立てして納品するというものであった。したがって、自社の特徴や独自性を発揮することには至らず、納期に追われ価格も非常に厳しい条件で受けざるを得ない状態で、利益なき超繁忙状態が続いた。特に問題は、進展するＩＴ技術をこなす技術者が不足で、機械設計にほんのわずかなＩＴ設計を付加したものに終始してしまった。

③対応策

技術開発型の経営体質は後継者の代になっても承継され、受託体質も脱しきれないが、それならいっそ技術開発型に徹するという考えで、不況期の苦しい中で技術力強化、特に電子設計の人材獲得に注力した。

受注減の中、人減らし首切りは一切せず、ワークシェアーの徹底で従業員全員が歯を食いしばり苦境に耐えて凌ぐことができた。

一方苦境の中で電子技術者の募集をかけ続け、世の中が不況に苦しむ中、幸いに優秀な電子技術者を採用し確保することができた。

結果的に機械と電子、メカと電子・ソフトの技術者が揃うことになり、同規

模の他社にはないメカトロの技術体制が充実することになり、折からの人間の目視による検査の限界が叫ばれる中、画像処理による検査ラインの機械化に成功し、電子部品や液晶パネルおよび太陽光発電パネル用生産ラインの検査工程での省力化に成功し、従来から得意としていた納期厳守の方針により顧客からの絶大な信頼を得ることとなった。

　従来の機械設計だけではこなすことのできなかった自動化ラインの受注が増え、「納期は利益の源泉」という企業理念で顧客の要望する納期を厳守する体制が信頼を得て、リピート受注を増やすことができた。

④生産性は向上したかの評価

　３次元ＣＡＤ導入と技術者獲得と養成により飛躍的に生産性は向上した。ここでいう生産性は、一人当たりの付加価値であり、時間当たりの付加価値であるが、当企業においては付加価値すなわち分子が大幅に増大したことによる生産性向上となった。

⑤改善取組

　創業者が望んだ自社ブランド製品の販売というところまでまだまだ行っていないが、メカトロ技術を駆使して画像処理検査搬送設備という独自性の高い技術を確立しつつある。幸い客先も先進技術を追求する企業が多くなったことにより、より高い技術力の育成と共に技術的に高度なニーズの把握とこれに対応することで、やがて目標を達成する時期が来ると考えられる。

　そのためには技術者一人ひとりのスキルアップはもとより、技術者同士および製造作業者との情報共有体制を強化することが求められている。

　そして自社が納めた設備機器のアフターフォローを行い、メンテナンスサービスを提供する過程で、客先の生のニーズを収集し、製品開発に反映していく体制強化を行うことである。

3 サービスプロセス改革による生産性向上

1 サービスプロセスにおける諸問題

　企業が行うサービスといえば、サービス業がまず思い浮かぶ。「日本標準産業分類」によれば医療・保健衛生業、社会保険・社会福祉、教育、専門サービス業（法律・司法書士・公認会計士・税理士等の事務所、獣医、土木建築サービス、デザイン、著述芸術家業など）、洗濯・理容・浴場業、旅行業、娯楽業、廃棄物処理、自動車整備、機械・家具等修理業、物品賃貸、広告業、商品検査業、建物サービス業、警備業、情報サービス業、調査業、……などをいい、そのプロセス改善といえば、上記業種それぞれの業務そのものの改善による生産性向上に他ならない。

　しかし、上記サービス業のそれぞれについてのサービスプロセス改善についてはそれぞれについての多くの専門家による著述が既に存在するし、それぞれの改善策を述べるにはあまりにも広範囲過ぎるので、各分野の専門書籍等に任せることとする。

　したがって、ここで記述するのは次の二点である。
①総じてサービス業の生産性を考えた時に筆者が認識している共通する問題は、業務の見える化（可視化）の未整備。
②製造業も今やサービス業であるという認識に立ったサービスプロセス改善。

（1）サービス業務自体の見える化（可視化）による生産性向上

　サービス業の生産性を向上させようとしたとき、そこに従事している方々はなんとなくどこに問題がありそうだということを認識しているようである。しかし外から見た時、その業務がどのような作業や工程から成り立っているのか、本人の頭の中でしか分からない（本人も分かっていない？）ブラックボックス化している場合がほとんどである。

　このような状態で生産性向上を確実に進め実現することは不可能で、まずは

業務の内容の「見える化」が必要である。見える化により既述の「改善の4原則」ＥＣＲＳ（図表4-12）が使えるようになる。

「見える化」についてはこの章の第1項の業務プロセス改革の対策で既に記した。

（2）製造業の行うサービスプロセス改革による生産性向上

安価な海外製品が比較的簡単に入手できる時代になって、その製品を顧客に単に販売するだけでは利益の確保が難しい状況である。したがって製造業といえども、種々のサービス、すなわち配送や製品使用方法説明などの教育サービスに始まり、使用中の保守・点検や情報提供サービス、使用後の引取り、廃棄処理サービスなど多くのサービス提供を考えなくてはならないようになった。

もの作りは得意だが、ソフトは苦手、良い物を作れば勝手に売れると思っている中小企業製造者や技能者が未だに多く存在する。

そのようなままで良いとは考えられない、単に作るだけでは海外製品の安値に負けることになる。自社の特徴や独自性を製品に出せるかがポイントとなるといえる。この独自性の中にサービスが大きなウェートを占めるようになってきているのである。

製造業を図表4-21のように消費財製造と生産財製造の二つに分けた時、前者は一般的に卸売りおよび小売りを通じて一般消費者すなわち末端消費者に製品が届けられることになり、お金をもらうのは直接取引する卸売りからということになる。したがって直接末端消費者の顔がわかりにくい状態である。

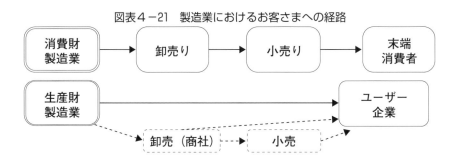

図表4-21　製造業におけるお客さまへの経路

一方、後者の生産財製造業は一般的にお客さまであるユーザー企業と直接の関係が多いのである。
　ここで生産財製造業が提供するサービスをまとめると図表4-22のようになる。
　売る気が本当にあるのか疑問に思われる製造業の行動をよく見ることがある。製品を販売したら、それでおしまい。後はほったらかしというのでは今日の製造業では失格といえよう。
　販売は代理店や商社任せを止め、顧客と直に接するように努めることが大切である。今日普及してきたネット販売はチャンス到来といえる。

図表4-22　生産財製造業の提供サービス

情報的サービス	製品の特性、類似の他製品との違い、使用上の注意、保守・点検の仕方、経済性、耐久性、避けがたい欠陥、などをユーザーに正しく伝える。 媒体として、人間（技術者、セールスエンジニアなど）、使用説明書、仕様設計図面、記憶メディアなどがある。 方法は技術面の講習会、技術員の巡回訪問、定期刊行物の送付及び送信など。
技術的サービス	単に製品を売り渡すだけでなく、販売後も客先までサービスマンを定期、臨時に派遣し、製品の保守、調整、修理、部品交換、消耗品補給することで、アフターサービスという。 製品の欠陥をアフターサービスで緩和するというのは常軌を逸するとして、ユーザーの使用上の不注意から生じる事故防止、故障の修理や一定期間使用することによる消耗的な部品交換や補給を通じて、想定外の使用や操作への対処、改良・改善のヒントを得る絶好の機会とすることができる。
システム的サービス	情報提供、その一環としての技術者派遣、定期の保守・点検巡回サービス、交換部品や修理用品の確実な充当、そのための規格化・標準化の推進などの一連の体制を築くべく、社内組織や機構を整備し、全体のサービスをシステム化することを目指す。
物的サービス	上欄のシステム的サービスの一環として、修理や交換のための部品や材料を確実に整備しておくことをいう。20年、30年前に生産した生産財に対して、使用するユーザーが存在する限りフォローすることは、本来メーカーの責任として考えるべきである。

国内市場を対象とするのなら、海外製品では行うことの難しい種々のサービスを提供すれば、海外製品に負けることはほとんどあり得ないと考える。

しかし、サービスはモノ作りとは別と思っているモノ作り屋が非常に多いのも現実である。

「オ・モ・テ・ナ・シ」の心を製品作りに、そして適切に製品を使って頂くための使用方法に織り込むべきである。

また、自分たちの作った製品がどのように使われているのか見たことも聞いたこともないという例はまだまだ多く見受けられる。開発者・技術者・製造作業者のすべてが、顧客が自社の製品を使う立場・状況を理解しなければならないことに気付かなければならない。

2　サービスプロセス改革のための諸対策

（1）サービス業務自体の見える化による生産性向上対策

ブラックボックス化している業務内容の見える化を進めるためには、業務自体の業務フローや作業フローを作成し、最終的にはＱＣ工程図を作成し、そのＱＣ工程図に標準工数を示すことが必要である。

この業界でも新人教育や後継者作りおよび多能化のためには、標準やマニュアルを作ることが必要である。それは現実行われているので、この要領で行えばよいことである。それにはビデオカメラの活用が有効であることは良く知られている。

業務フローや作業フロー作成に初めて取り組む方々に具体的な方法を理解してもらうために筆者がよく行うことは、朝起床してから自宅あるいは自室を出て職場に向かうまでの行動を分単位で紙に書き出すことである。これが起床から出宅の作業フローである。自分が毎朝やっていることなのだからその仔細はご本人が最もよく分かっているし、他人からすれば付きっ切りで観察しない限りわからないことである。

時間軸の入った作業フローを見れば、既述の「改善4原則」ＥＣＳＲ（図表4－11）、すなわち排除-結合-交換-簡素化の原則を使って所要時間を短縮し、

消費工数を削減しコストダウンするための改善策を講じるのは比較的容易なことといえる。

サービス業界では業務や作業の流れ図を明確にすること、すなわち見える化が未整備であるが故に抜本的な改革ができていないのが現状と考えている。

(2) 製造業の行うサービスプロセス改革による生産性向上対策

上述のように製造業では付帯サービスの良し悪しによってその製品本体の価値が決まってしまうと言うことができるので「製造業もサービス業」という想いを持たなければならない。

顧客が我が社の製品をどのようにどのような時、どのような場面で、どのようにお使いになるのか知ることは重要である。

しかし、その機会がないという反論が必ずある。

そこで、「クレームを大切に！」である。

どこの企業でもクレーム撲滅や低減を叫んでいる。確かに顧客クレームは避けたい。しかし、人間が作るモノにミスはつきものと考えるべきである。

起こって欲しくないクレームが起こってしまった時の対応が重要なのである。

一般的に、クレームが起こると営業担当者が対応し何とかもみ消そう、補償被害を最低限にしようと努力する。それでも営業担当者に手が負えないとなるとやがて作ったところに問題が投げかけられる、原因は何だかんだ責任はどこにあるのかと議論し時間を費やすことで、さらに事態を悪化させてしまうことになる。

今はネットという便利な道具があるので、クレームが発生したと同時に営業・製造・技術が情報共有することは至って簡単である。もちろん事の大小にもよるが、情報共有した時点で３部門から即現場に行き現物を見て現実を知る（３現主義）ことが重要である。この時にクレームはもとより、製品の使われる実態を細部まで知ることが重要なのである。「クレームは愛のささやき」とまで言った人がいる。クレームは商品開発のヒントであると同時に人材教育の重要な場ともなる。「禍を転じて福となす」とはこのことである。

生産財製造業の提供サービスのところで記したように、製品とサービスがくっ

ついて売れて初めて商品となると考えるべきなのである。

　話は少し変わるが、製造物責任法（ＰＬ法）において、製品の欠陥には製品自体の欠陥と警告・表示上の欠陥とがあり（図表４－23）、製品自体と警告・表示は車の両輪の役割である。

　製造業のサービスプロセスをこの警告・表示上の欠陥と同じような存在、すなわち片輪と考えれば、いかに製造業のサービスが重要なものか理解できるものと考える。

　したがって、製造業の提供する製品は、

　　　　　　　　　　製品自体　＋　付帯サービス

で成り立っていると考えるべきである。

　新商品開発は、製品そのものの品質が良いことは当然であるが付帯サービスも製品の一部と考え、企画開発・設計・製作することが必要で高品質製品の条件なのである。

図表４－23　製品の欠陥の内容

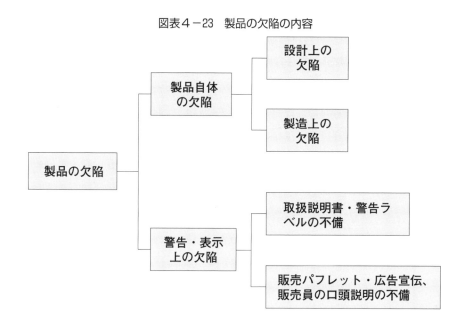

3 事例3-1（作業進捗と消費工数の見える化）

業種	複写業
主製品	文書のマイクロフィルム化、電子データ化サービス
資本金	2,000万円
年間売上	3億円
人員数	50名
特徴	重要情報のマイクロフィルム化における長年の実績による信頼性、文書電子化サービスとそのソリューション提供

①経営課題

　当社は広範囲の重要文書のマイクロフィルム化サービスで顧客の信頼を築いて来た。記録媒体がフィルムから電子化するに伴い、機器の更新や作業者の技能教育に力を入れて来たが、需要の季節変動、作業量のバラツキ、客先要望の多様化等への対応により利益率が低迷、収益性の改善が急務となった。

②現状認識（原因・要因）

　作業の内容は大部分が単純作業の連続であり、需要の大幅な変動をカバーするため、作業者はほとんどパート・アルバイトに頼らざるを得ず、激しく変動する作業量および信条とする納期厳守のために、受注計画や作業計画が十分立てられないまま、受注に応じて都度対応、いわば出たところ勝負することにより、結果的に収益性を意識しないままの人員投入を頻繁に繰り返してきたこと。

　さらに作業をパート・アルバイト社員に任せる際、十分な技能教育が行えないことによる作業処理能力の個人差の影響で作業進捗を予測しにくいこと、納期を守るための安全・安心の対応として過度の人員投入、そして消費工数の予測と実績の比較を明確にしていないことにより、収益性が極端に悪くなっていた。

③対応策

　サービス業の共通課題として業務・作業フローおよび消費工数の見える化が進んでいないと前述したが、当社もその例にもれず、計画値と実績値比較分析と対応が現場責任者の勘と経験で行われていることを改めて、個人毎の作業日

報記入、作業日報の即日集計、作業進捗の実態把握を現場管理責任者に義務付け、作業進捗の表示を徹底し、実態把握をほぼリアルタイムで行えるようにすること、受注見積および生産計画時の予測工数と実績工数を把握し、人員投入を計画的論理的に行えるよう、すなわち見える化の実現を目指した。

④生産性は向上したかの評価

この事例での生産性は時間および人件費当たりの付加価値生産性である。上述のように都度対応の人員投入を改めて、数値管理体制の整備に伴ってムダな人員投入を無くすことで生産性が向上し、収益体質の確保ができるようになった。

⑤更なる改善取組

サービス業務の見える化により工数削減目標を立て達成を図ること。新たな受注案件に対し標準工数の積算により見積精度を上げ、見積（計画）と実績の乖離を最小に抑えて行くことが今後取り組む課題となっている。

4　事例3-2（お客さまに製品の適切な使用方法を教育することで拡販の実現）

業種	建築金物製造販売
主製品	ステンレス製、メッキ製、及びアルミダイカスト製の建築金物、土木用金物、各種取付金具の製造・販売 一般的な建築金物ではなく、階段、梯子、手摺、点検口など
資本金	1,500万円
年間売上	4億円
人員数	20名
特徴	建築・土木用金物製造であるが、特殊な器具や金具なので取付け工事や使用方法の指導サービスを実施する

①経営課題

業容は建築金物および建築付帯構造物の製造販売でホームセンター等では入手しにくい特殊な製品である。

従来は定番製品の売り放しで済んでいたが、インターネットの普及により安価な海外製品の乱入が生じ価格競争が激化した。大量の安値品の横行で受注は低迷してきた。

　当社製品は建築・構築物の仕様によって適合性がその都度変わる傾向が強いものであり、ゼネコンや工務店等の工事現場との直取引が多い。したがって現場の顧客ニーズ情報収集とその情報を反映した新製品・改良品開発により現場の状況に合わせた製品供給をすれば安価な海外製品と価格競争することも避けられると考えられる。

　したがって、いかに顧客ニーズを的確に掴むかが喫緊の課題であった。

②現状認識（原因・要因）

　市街地のマンション等集合住宅建設は堅調に推移していたが、建築・建設部材市場は海外調達も容易になったため価格競争が激化してきている。

　一方、発注元のゼネコン等の技術力は熟練者の高齢化による退職および技術伝承の未整備と若年技術者の不足があって著しく低下してきている。

　従来は何気なく問題なしに使われてきた建築用金物や付帯金物の取付法や使用方法が分からない工事現場が急増してきているのである。

　間違った方法で使ってしまう、正しい取付け方がわからないので使わない。結局安物に手を出し、クレームを起こす。顧客の信頼を損ねる、客離れ、安値受注で、さらに安い部材を調達する、クレーム発生の悪循環となっていた。

　このような工事現場の悩みを解消する必要があった。

　価格的に少し高くても、使用・取扱い説明、アフターサービス体制の整備された製品を選んだ時に相対的に安く上がることを商品の特徴として売り込む必要が生じていた。

③対応策

　数年前までは、このような製品がいるだろう、使い勝手が良いのではないかという作る側の思い込み製品の提供に終始していた。工事現場や実使用時に不適切を感じる製品であったのである。その結果製品や仕掛在庫が増えたり返品もあった。

　これを改めるべく製品カタログにプロ仕様の図面や設計図、取付方法や使用

方法、使用事例を入れて内容の充実を図った。

　さらにＷｅｂを活用したことにより全国展開となり、客先に巡回訪問し、使用方法説明、取付け取扱い説明会を実施するようになった。工事現場責任者が当社の営業担当者の巡回を心待ちにするようになった。

　これを見た競合他社が競って当社のカタログ入手を試みるようになったが、その製品は当社仕様には及ばない製品のために、勝負ありの結果となることが続いている。

　また、こうした説明会においての客先要望や声を直接入手することにより、次の商品開発のヒントとすることができるようになり、細部まで顧客ニーズに適った商品の開発が功を奏し、独自性のある商品提供を可能にする好循環が生じている。

④生産性は向上したかの評価

　使用方法や取付け工事説明の充実により飛躍的に売上を伸ばすことになった。

　ゼネコン現場責任者との人間関係ができ、工事が終わって担当者が他の新しい工事現場に移っても指名買いしてくれる割合が増加している。

　製品説明サービス付与により安価な海外製品より多少割高になっても買ってくれるということは付加価値が向上していることの証明であり、売上が倍増しても営業担当者数は同じ、すなわち分母はそのまま従来通りで分子が倍増と大きくなって生産性は一気に増大したことになる。

⑤改善取組

　製品カタログの充実、設計図、取付方法の懇切丁寧な出張説明により好結果を生んだ。競合他社が当社の製品カタログに便乗する動きはあるが、現場との人間関係や信頼関係はそう短時間では崩れない。しかし人間関係・信頼関係の良好な間に次の手を打つ必要がある。営業担当者をいつまでも最低数に抑えることはできない。

　使用説明や取付説明のＤＶＤ化やＷｅｂ配信を充実すると共に、重点顧客とのより一層の信頼関係強化を図ることが必要となっている。

4　本章の重要なポイント

生産性を表す算式、

$$生産性 = \frac{産出量}{投入量} = \frac{アウトプット（付加価値・売上・利益）}{インプット（経営資源 = 人・モノ・時間など）}$$

さらに、分子の内の付加価値の概算式

$$付加価値 ≒ 売上（生産高） - 外部支払い$$

において、生産性向上策は分子（アウトプット）増大策と分母（インプット）低減策の一方あるいは両方を講じることにより実現する。分子・分母の内容については第1章で説明している。

事例等で述べてきたように、

分子の増大策は、独自性・特徴のある製品・サービスの開発・提供により売上や付加価値額を大きくすること、すなわち、マーケティングの工夫・努力により売上高や生産量（金額）を増大することは勿論であるが、原材料・部品、外部委託、エネルギーに関わる経費などの外部支払いを削減することである。

分母の低減策は、図表4－2で示したように投入人員数や人件費、原材料・部品の投入量削減や歩留り向上および仕入・購買単価削減、投入時間数の縮小やリードタイム短縮、加工スピードアップや作業の効率化、3ムの排除・改善、多能工化と設備の高能率化などにより実現する。

この章の業務プロセス改革、開発・製造プロセス改革、サービスプロセス改革の3つにおける生産性向上策は以下の通りである。

業務プロセス改革では、5Sを定着させ、QC7つ道具を用いてあらゆる工程の見える化（可視化）を図ってムダ・ムラ・ムリを排除し業務の改善を行う。

開発・製造プロセス改革では、モノ作りのプロセス全域にわたって、すなわち研究開発から生産・在庫を含む出荷までのプロセスの内製・外作を適正化し、原材料・部品、機械設備、人・作業者、方法という生産の4要素（4M）（図表4－4）および在庫も含めた生産方式の見直しによってムダ・ムラ・ムリ（3ム）を除去する（図表4－18）。

サービスプロセスの改革では、製造業のサービス業化を念頭に入れ、末端消費者・使用者との対話を重視し、提供するサービスの工程の見える化から始め、その内容情報を組織内で共有化し、工数削減や工程改善を行う。

　各プロセスで示したどの事例についても生産性向上策は「当たり前のことを当たり前にやり遂げ、やり続ける」ことであった。

　しかし、「言うは易く、行いは難し」なのである。

　したがって、「当たり前のことを当たり前にやり遂げ、やり続ける」ためには経営者の強い信念と行動力にかかっていることは言うまでもないが、究極は経営者を支える経営幹部であり、従業員なのである。

　すなわち、それぞれのプロセスに携わる人、担う人をいかに育てるかに尽き、人材育成が最も重要ということである。

　人材育成については、本書の主旨と異なるため別の機会とするが、筆者が常日頃コンサルティング活動を通じて実感するのは、働く人達にいかに「やらねばならないこと」および「やったらやれること」への気付きを与えることにほかならない。

　その気付きを生む仕組みの構築のための工夫が必要なこと、そして人財育成のための環境の整備が特に重要であることを敢えて記しておく。

◆◆◆ 第 5 章 ◆◆◆

生産性向上のための
オペレーション
（流通機能編）

1　流通業

1　流通構造とその変化

（1）流通構造

　「流通」とは、「商品の流通」のことを指し、一般的に図表5－1で表されるメーカーから消費者への商品の所有の流れである。消費者に販売する商業者を「小売商」と、またメーカーと小売店との間に入った商業者を「卸売商」と呼ぶ。一般的には、小売商以外のすべての商業者を卸売商と指すことからメーカーが小売店に販売した場合や小売店が小売店に販売した場合は卸売商となる。

　流通構造は、このメーカー、卸売（商）店、小売（商）店、消費者という4者の関わり方のことである。小売業とは、消費者に商品を販売する商業であり、卸売業とはそれ以外の販売を行う商業のことである。

　メーカーや卸売店が消費者に販売した場合は小売、小売店がメーカーに業務用として商品を販売した場合は卸売となる。つまり、BtoBを卸売業、BtoCを小売業と捉えるとわかりやすい。

　ここでは卸売店が原材料・部品メーカーから仕入れたものを加工メーカーに販売することもある。一般的には、これを産業財[1]市場と呼び、消費財市場と分けている。

図表5－1　流通構造

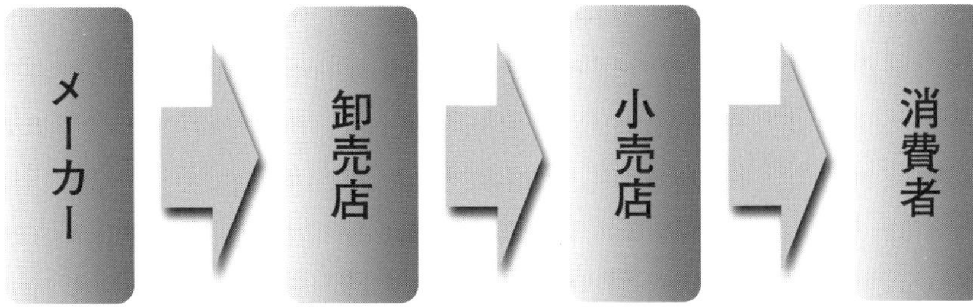

メーカー → 卸売店 → 小売店 → 消費者

（２）流通構造の変化

　今この流通構造が大きく変化している。流通は大きく店舗販売と無店舗販売に分かれる。従前は消費者が店で商品を購入する店舗販売が一般的であったが、近年はＴＶやインターネット等を使った無店舗販売が大きく伸長している。つまり、小売店を経由しない販売である。これにより流通経路が短縮化されている。

　いわゆる「卸の中抜き」も起きている。我が国の流通構造は二次卸等が多く存在したことからこれまで多段階的と言われてきたが、短縮化傾向にある。これは流通経路の非効率さを表す指標とされるＷ／Ｗ比率[(2)]の推移からもうかがえる。

図表５－２　Ｗ／Ｗ比率の推移

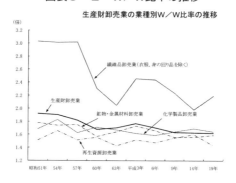

出所：経済産業省「平成19年商業統計表（二次加工統計表）流通経路別統計編（卸売業）」概況トピックス「Ｗ／Ｗ比率からみた卸売業の流通経路の変化」36頁、38頁

ただ、この流通構造の多段階性は非効率の典型として言われてきたが、これは取り扱う財（商品）や生産者、消費者の特性により異なる。その典型例が青果や畜産である。これは、収集卸、中継卸などの役割が高まるからであり、その方が効率的となっている。そのため、業種によっては比率が下げ止まったり、上昇したりしている。他方、一般的な消費財や自動車、化粧品などの業種はこの傾向にある。

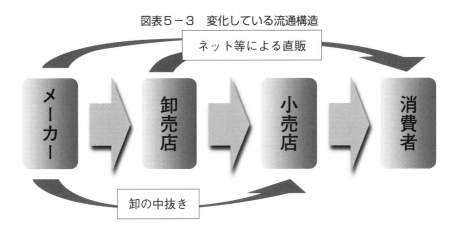

図表5－3　変化している流通構造

もう1つ流通構造を短縮化させている大きな要因がある。それはメーカーと小売店の大型化である。戦後の復興期、高度成長期を経てメーカーは大きくなり、生産量が爆発的に増えた。いわゆる大量生産大量消費の時代である。それによりメーカーの力が強くなり、卸の多段階性が短縮された。その典型が特約店制度であろう。家電や化粧品業界では少なくなったが、自動車業界ではまだ存在している。

その後、小売店も大型化する。その代表例が総合スーパーと全国チェーン店であり、その台頭であろう。ただこれは、モータリゼーションの進展や消費者ニーズの多様化等、社会や消費者の変化の影響にもよる。

図表5－4はその変化の過程を表したものである。メーカーと小売店が大型化し、それにより卸売店も大型化した。その結果として、流通経路が短縮化されることとなった。

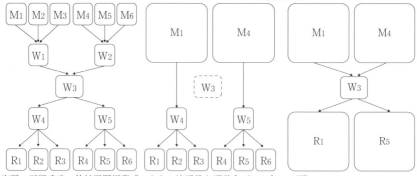

図表5-4 3つのタイプの流通構造

出所：石原武政・竹村正明編著「1からの流通論」碩学舎（2014年、99頁）

　このメーカー、小売店の大型化は中小事業者の淘汰を招いたが、それは卸売業界でも起きた。また、中小小売店の減少が中小卸売店の淘汰に拍車をかけることとなった。

　小売店の大型化によるバイイングパワーの増大は流通構造に大きな影響を与えた。この大型化は多様な消費者ニーズに対応するための取扱商品の拡大であった。その典型が郊外型の巨大なショッピングセンターである。

　これらを代表するチェーンストアの販売額は、平成9（1997）年までは売場面積（店舗数には増減がある）の拡大に伴い増加したが、その年をピークに売上は減少傾向にある。他方、売場面積はそれ以降も一貫して増加傾向にある。これは売場面積当たりの販売効率の低下を示唆している。その意味では店舗の大規模化だけが、効率化の手段ではないということである。

図表5-5 チェーンストアの販売額と店舗面積・店舗数の推移

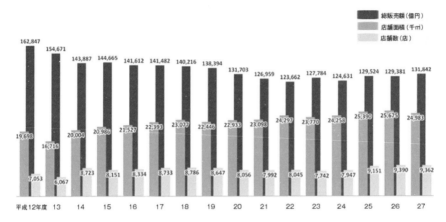

出所：日本チェーンストア協会HP「協会の概要」より抜粋
　　　（URL）https://www.jcsa.gr.jp/about/outline

2　流通業における生産性向上とイノベーションの考え方

1　交差比率とGMROI

　流通業で効率性を見るときの指標の代表的なものとして交差比率（交差主義比率）とGMROI（Gross Margin Return On Inventory Investment）がある。

　交差比率は、いくらの在庫（投資）で、どれだけ利益を上げられたかをはかる重要な比率であり、これをいかに上げていくかを考えるための指標である。交差比率は以下の公式で表される。

$$\frac{利益}{在庫（投資）} = \frac{利益}{売上高} \times \frac{売上高}{在庫高}$$

$$交差比率 = 商品利益率 \times 商品回転率$$

流通業では固定資産等の投資を短期間で回収することが難しいことから在庫を投資として捉え、交差比率を導入していることが多い。

　GMROIは商品投下資本粗利益率といい、投下資本である在庫高を原価で捉えるが、交差比率ではこれを売価としている。GMROIの方が商品在庫への投資に対する収益性がより適切に把握できるといえる。違いは何を基準に評価・判断するかであり、いずれも投下資本効率を見る指標であることにかわりはない。

　GMROIは以下の公式で表される。

$$\text{GMROI} = \frac{\text{利　益}}{\text{売上高}} \times \frac{\text{売上高}}{\text{在庫高（原価）}}$$

$$= \text{商品利益率} \times \text{商品投下資本回転率}$$

　これらの指標は企業全体を評価するだけでなく、店舗別に見れば店舗評価が、商品カテゴリー別に見れば商品カテゴリー評価が、バイヤー別に見ればバイヤー評価が行えることとなる。

2　生産性向上とイノベーションの考え方

　この交差比率とGMROIを、生産性向上とイノベーションに結び付けて考えると、商品回転率が生産性向上、商品利益率がイノベーションと強く関係してくることになる。

　商品回転率を上げることの効果は「スピード経済」と呼ばれ、生産性の向上に直結している。また、商品利益率を上げるためには新商品の開発、つまり付加価値が高く、価格・利益を自らがコントロールできるものが求められる。

　厳密には、商品回転率を上げるイノベーション、商品開発のスピード向上など"商品利益率・商品回転率"と"生産性向上・イノベーション"は相互に絡み合っている。

3 社会動向と消費者の変化

　生産性向上やイノベーションにおいては、消費者の変化という前提を無視できない。

　流通は図表5－1で示したように、消費者が商品を購入することで流れが完結することになるが、現在のように商品も小売店も過剰となると、何を、どこで買うかという消費者の決断（購入）がこの流れの始まりとなっている。

　流通の最終段階で商品が売れなければ、流通の過程で商品がだぶつくことになりメーカーはものを作れない。つまり、作ったものが売れるのではなく、売れるから作れることになるという時代に変わった。

　その意味で、この意志決定を行う消費者の変化やその消費者の変化に影響を与える社会動向の変化を把握・分析することが必要であり、重要度が増している。これは小売業に求められるだけのものではない。小売業の衰退は卸売業にも大きな影響を与える。また、前述したように流通構造が大きく変化していることから、メーカーでさえも消費者の変化を無視できなくなっている。

1 社会動向の変化

（1）人口減少と高齢化

　我が国の人口は、国立社会保障・人口問題研究所「日本の将来推計人口（平成24年1月推計）」によると図表5－6にあるとおり、平成20（2008）年の1億2,808万人をピークに減少に転じた。平成42（2030）年の1億1,662万人を経て、平成60（2048）年には1億人を割って9,913万人となり、その後も減少するものと見込まれている。

　これは商業にとって消費者の減少を意味することから影響が懸念されている。

　高齢化も進む。高齢人口（65歳以上の人口）は、平成22（2010）年の2,948万人から、第二次ベビーブーム世代が高齢人口に入った後の平成54（2042）年に3,878万人とピークを迎える。

高齢化率（高齢人口の総人口に対する割合）は、平成22（2010）年の23.0％から、平成25（2013）年には25.1％、50年後の平成72（2060）年には39.9％となることが見込まれている。
　高齢者が増えることで新たな需要が生まれることも予想されるが、高齢者は総じて、行動範囲が狭くなる、流行に鈍くなる、食が細るなどとなることから商業に取っては好ましくない事象が予測される。
　また、生産年齢人口（15～64歳の人口）も平成22（2010）年の63.8％から減少を続けることが見込まれている。この年代の人は結婚し、家庭を持つことなどにより消費が旺盛であることから、この減少もネガティブな要因となる。

図表5－6　日本の人口推移

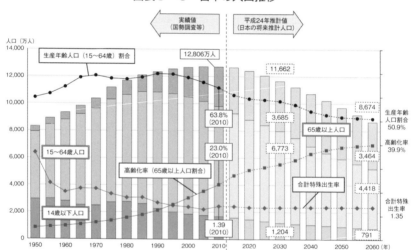

出典：総務省「国勢調査」及び「人口推計」、国立社会保障・人口問題研究所「日本の将来推計人口（平成24年1月推計）：出生中位・死亡中位推計」（各年10月1日現在人口）、厚生労働省「人口動態統計」
出所：平成24年版情報通信白書、8頁

（2）世帯数の変化

人口の減少に合わせて世帯数も減っていく。国土交通省の「国土の長期展望中間とりまとめ（2011年）」によると図表5－7にあるとおり、総世帯数は平成27（2015）年の5,060万世帯をピークに減少に転じ、平成60（2050）年には4,206万世帯になると見込まれている。

その内訳を見てみると、平成60（2050）年には単独世帯が1,787万世帯と総世帯数の約4割を占めることなり一番多い世帯類型となる。また、高齢者単独世帯は平成60（2050）年まで増加し続け982万世帯となり、単独世帯のなかで5割を超えることが見込まれている。

このように単独世帯や高齢者単独世帯が増えることは、消費者である生活者の生活様式に大きな変化をもたらすことから購買行動にも影響を与えることが予測される。

図表5－7　世帯累計別世帯数の推移

（単位：万世帯）

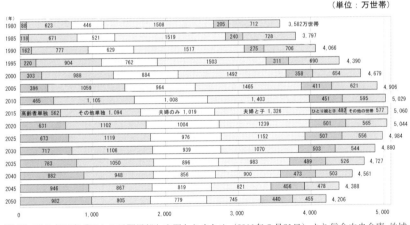

（備考）国土交通省「国土の長期展望」中間とりまとめ（2011年2月21日）より信金中央金庫 地域・中小企業研究所作成
出所：信金中央金庫 地域・中小企業研究所「ＳＣＢ地域調査情報23－1／商店街活性化に求められるコミュニティ支援機能」（2011年、8頁）

(3) 女性の社会進出

　生産年齢人口の減少や高齢化による労働力不足、価値観の変化等により女性の社会進出が進んでいる。国土交通白書（2013年）によると図表5－8にあるとおり、女性の労働力率は昭和50（1975）年では20～24歳から25～29歳、30～34歳にかけて大きく減少していたが徐々に解消され、2011年の段階では減少が30～34歳と高年齢に移行、その幅も小さくなっていることがわかる。

　また、全体的にも労働力率が上昇しており、その傾向は55～59歳、60～64歳の年齢層にも現れている。

　この女性の社会進出も消費者である生活者の生活様式に大きな変化をもたらすことから購買行動に影響を与えることが予測される。

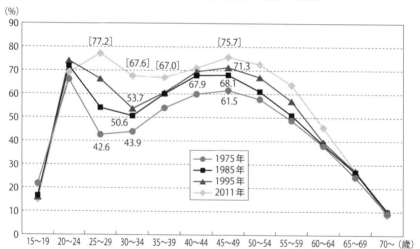

図表5－8　女性の年齢階級別労働力率の推移

(注)　1　「労働力」とは、15歳以上人口に占める労働力人口（就業者＋完全失業者）の割合
　　　2　2011年の［　］内の割合は、岩手県、宮城県及び福島県を除く全国の結果。
資料）総務省「労働力調査」より国土交通省作成
出所：国土交通白書 2013、25頁

2　消費者の変化

　このような世の中の変化を受けて生活者である消費者も変化する。特に、生活様式の変化は価値観に影響を与え、変化を促す。それが購買行動に影響することとなる。

　商品やサービス選択時のこだわりポイントを、経済産業省の「消費者購買動向調査～リーマンショック以降の日本の消費者の実像（平成22年4月22日）」により見てみると図表5－9にあるとおり、一番多かったのは「信頼できる」(60.4％）であり、次いで「安心できる」(53.6％)、「低価格」(53.5％)となっており、「信頼できる」「安心できる」が「低価格」を上回っている。

　男性と女性を比べると、「信頼できる」「安心できる」の項目についてはほぼすべての年齢層で女性の方が高くなっている。また、4位である「安全な」においては女性の40代、50代、60代で「低価格」を上回っている。

　それ以下も、「日本製」(40.8％)、「長く愛せる」(40.7％)と続いており、「高機能」より上位となっている。

　これらのことから消費者は、低価格から信頼、安心・安全へと志向を変化させつつあるといえる。また、単に機能性を求めているだけではない。この傾向は、特に女性、高齢者に顕著に見られる。

　このような消費者の価値観の変化は購買行動に大きな影響を与える。それは商品が売れる購買時点で顕著に現れる。これは、ネット販売等で小売を行うメーカーや卸売業も同様であろう。

　また、売れる（買ってもらえる）商品を開発するメーカー、卸売業、小売業も、この消費者の変化は無視できない。

図表5−9　商品やサービス選択時のこだわりポイントTOP10

			1位 信頼できる	2位 安心できる	3位 低価格	4位 安全な	5位 日本製	6位 長く愛せる	7位 高機能	8位 便利な	9位 楽しい	10位 わかりやすい
	合計	(3000)	60.4	53.6	53.5	50.2	40.8	40.7	38.1	36.8	25.9	25.2
性別	男性	(1504)	57.4	47.7	55.7	42.4	39.9	34.2	45.4	32.9	22.1	21.7
	女性	(1496)	63.4	59.6	51.3	58.0	41.6	47.1	30.7	40.7	29.6	28.6
男性 年齢別	男性20代	(265)	50.6	38.5	54.0	32.8	35.8	32.1	51.3	31.7	20.8	16.2
	男性30代	(339)	54.0	41.9	54.0	39.8	39.8	32.4	46.9	34.2	25.1	20.9
	男性40代	(294)	55.4	46.3	61.6	38.4	36.7	35.0	45.3	29.3	22.1	18.0
	男性50代	(308)	58.8	51.9	50.6	46.4	34.7	36.4	40.9	31.5	21.4	26.0
	男性60代	(298)	68.1	59.4	58.7	53.7	52.0	35.2	35.6	37.6	20.8	26.8
女性 年齢別	女性20代	(253)	58.5	56.1	67.6	51.0	37.5	49.4	47.4	40.7	36.4	28.1
	女性30代	(326)	61.0	58.0	60.1	57.1	40.8	47.5	33.4	42.3	27.0	25.5
	女性40代	(288)	66.0	56.3	49.0	57.3	41.3	46.5	26.7	38.9	28.1	30.2
	女性50代	(309)	66.7	62.1	39.2	62.5	47.6	47.9	23.6	37.9	31.1	30.1
	女性60代	(320)	64.1	64.4	43.1	60.6	45.6	44.7	25.3	43.4	26.9	29.4
子供の有無 (女性)	子供がいる	(718)	63.0	59.9	51.1	59.3	41.6	42.6	26.6	37.5	25.5	28.1
	内、5歳以下の乳幼児	(175)	58.9	54.9	65.1	56.0	41.1	45.1	34.9	38.9	24.6	28.0
	子供はいない	(778)	63.8	59.3	51.4	56.7	41.6	51.3	34.6	43.7	33.4	29.0
世帯 年収別	H 8百万円以上	(627)	62.0	49.4	40.0	49.4	38.1	40.4	38.8	34.9	21.7	21.4
	M 4百万円〜8百万円未満	(1055)	61.3	52.6	54.6	48.6	42.3	42.7	40.7	37.0	28.2	24.6
	L なし〜4百万円未満	(832)	57.7	54.9	62.3	51.1	39.1	39.3	35.3	38.3	25.2	27.8

出所：経済産業省「消費者購買動向調査」リーマンショック以降の日本の消費者の実像（平成22年4月22日）

4　インターネットの普及と影響

　IT（Information Technology：情報技術）は、近年インターネットなどの通信を含んだICT（Information and Communication Technology：情報通信技術）という概念で捉えられている。

　ITとしての技術革新やその進展によりさまざまな変革が起きているが、ここでは特に流通として消費者行動に影響を与えるインターネットの普及とその影響について考えたい。

1 インターネットの普及

　流通構造の短縮化で説明したメーカーや卸売店の小売は主にインターネットを活用したものである。では、このインターネットは消費者にどの程度普及しているのであろうか。

　総務省の「平成26年通信利用動向調査」によると図表5－10にあるとおり、年齢階層別インターネット利用状況を平成22（2010）年末から平成26（2014）年末の動向で見てみると13歳～59歳のインターネット利用は9割以上となっており、ほぼ行き渡っている。また、パソコンアレルギーと言われた60～79歳の高齢世代においてもインターネット利用は拡大傾向にあり、60歳代では7割を超えている。

　この利用を促しているものが近年のスマートフォンやタブレット型端末の急速な普及であろう。同じく「平成26年通信利用動向調査」により情報通信機器の保有状況を見てみると、図表5－11にあるとおり平成26（2014）年末で「携

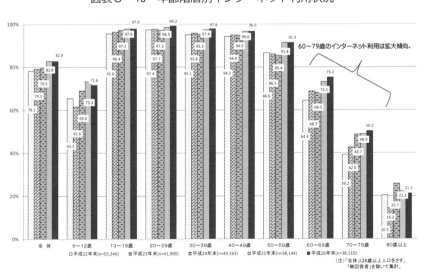

図表5－10　年齢階層別インターネット利用状況

出所：総務省「平成26年通信利用動向調査」（別添1）1頁

図表5-11 情報通信機器の保有状況の推移(世帯)

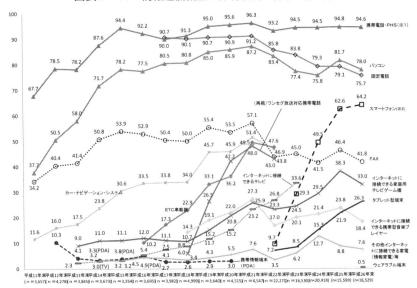

(注) 1.「携帯電話・PHS」には、平成21年末から平成24年末までは携帯情報端末(PDA)も含めて調査し、平成22年末以降はスマートフォンを内数として含む。なお、スマートフォンを除いた場合の保有する世帯の割合は、平成25年末76.5%、平成26年末は68.6%である。
2.「スマートフォン」は、「携帯電話・PHS」の再掲である。
3. 経年比較のため、この図表のみ無回答を含む形で集計。
出所:総務省「平成26年通信利用動向調査」(別添2) 7頁

帯電話・PHS」の保有世帯の割合は94.6%となっている。

　この「携帯電話・PHS」の内数である「スマートフォン」は、平成22(2010)年末の9.7%から平成26(2014)年末の64.2%と保有世帯の割合が急速に上昇している。また、タブレット型端末も7.2%から26.3%と上昇している。

　他方「パソコン」は、平成26(2014)年末で78.0%と前年より3〜4ポイント低下しており、平成21(2009)年末の87.2%をピークに減少傾向にある。

　これらの機器の普及を受けてインターネットを利用する端末が大きく変化している。経済産業省の「平成26年度我が国経済社会の情報化・サービス化に係る基盤整備(電子商取引に関する市場調査)」により利用端末の種類を見てみると、図表5-12にあるとおり、平成23(2011)年末の16.2%から平成25(2013)年末の42.4%とスマートフォンの利用が急伸しており「自宅のパソコン」に次

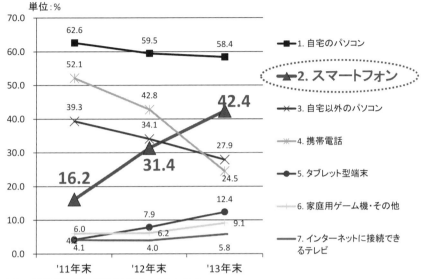

図表5-12 インターネット利用端末の種類

出典：（総務省）通信利用動向調査をもとに作成
出所：経済産業省「平成26年度我が国経済社会の情報化・サービス化に係る基盤整備（電子商取引に関する市場調査）」19頁

いで2番目の端末となっている。他方、「自宅以外のパソコン」「携帯電話」の利用が急速に低下している。また、「自宅のパソコン」も低下傾向にある。

　スマートフォンの利用は、総務省「平成26年通信利用動向調査」によると平成26（2014）年末で47.1％にまで伸びており、この傾向はさらに進んでいる。このスマートフォンの利用は、特に50歳代以下に顕著であり、とりわけ30歳代以下ではスマートフォンでの利用が「自宅のパソコン」を抜いて第1位となっている。

2　インターネットの影響

　このスマートフォンの普及は生活者である消費者の生活行動にさまざまな影響を与え、変化を促している。その1つの代表例がインターネットによる商品の購買であろう。

これは形のある商品に止まらない。電子出版や音楽、映像、ゲーム等コンテンツのダウンロードなどのデジタル分野にも広く普及している。また、コンサートやイベント等のチケットの購入や飲食、旅行などサービス分野でも一般化しつつある。

　また、スマートフォンの普及はフェイスブックやＬＩＮＥ等のＳＮＳ（social networking service）の利活用を促進させた。このコミュニケーションツールの普及は消費にも大きな影響を与えている。

　経済産業省の「平成26年度我が国経済社会の情報化・サービス化に係る基盤整備（電子商取引に関する市場調査）」によると図表５－13にあるとおり、平成26（2014）年のＢtoＣのＥＣ（Electronic Commerce：電子商取引）の市場規模は12兆7,970億円で前年比14.6％増となっている。また、ＥＣ化率[3]は4.37％で対前年比0.52ポイント増となっている。

　この平成25（2013）年、平成26（2014）年辺りの急速な伸びの背景として考えられるものが、スマートフォンの普及であろう。

図表５－13　ＢtoＣ-ＥＣの市場規模およびＥＣ化率の経年推移

出所：経済産業省「平成26年度我が国経済社会の情報化・サービス化に係る基盤整備（電子商取引に関する市場調査）」２頁

図表5-14 BtoC-EC市場規模および各分野の構成比率

	2013年	2014年	伸び率
A. 物販系分野	5兆9,931億円 (EC化率 3.85%)	6兆8,043億円 (EC化率 4.37%)	13.5%
B. サービス分野	4兆0,710億円	4兆4,816億円	10.1%
C. デジタル分野	1兆1,019億円	1兆5,111億円	37.1%
総計	11兆1,660億円	12兆7,970億円	14.6%

出所：経済産業省「平成26年度我が国経済社会の情報化・サービス化に係る基盤整備（電子商取引に関する市場調査）」2頁

5 卸売業（中間流通）プロセス

1 卸売業界の動向

（1）卸売業の動向

　経済産業省の「商業統計（平成19年）」により卸売業の事業所数と年間商品販売額の推移を見てみると図表5-15にあるとおり、1991年をピークに事業所数は47万6,000事業所から33万5,000事業所へ、年間商品販売額は573兆円から414兆円へと大きく減少している。

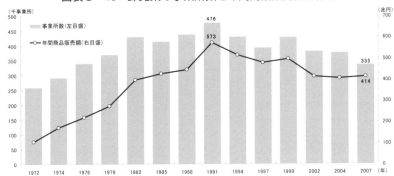

図表5-15　卸売業の事業所数と年間商品販売額の推移

（備考）経済産業省「商業統計（平成19年）」をもとに信金中央金庫 地域・中小企業研究所作成
出所：信金中央金庫 地域・中小企業研究所「ＳＣＢ産業企業情報24-6／中小卸売業の経営環境と景況感」（2012年、2頁）

総務省「平成24年経済センサス－活動調査」を再編加工した中小企業庁「2014年版中小企業白書」によると、中小卸売業（常用雇用者100人以下）の事業所数は36万8,356社と卸売業全体の99.1％を占めており、卸売業のほとんどが中小卸売業となっている。

　この中小卸売業の事業所数の動向を、経済産業省「商業統計調査」および総務省「経済センサス－基礎調査」、「経済センサス－活動調査」により見てみると図表5－16にあるとおり、平成19（2007）年の33万2,000事業所から平成21（2009）年に39万9,000事業所と一旦増えたものの平成24（2012）年には再び26万5,000事業所へと大きく減少している。

図表5－16　中小卸売業の事業所数の動向

（繊維・衣服等、機械器具：千件）　　　　　　　　　　　　　　（卸売業計：千件）

年	卸売業計	機械器具	繊維・衣服等
1994	426	97	40
1997	388	89	35
1999	423	99	36
2002	376	89	31
2004	372	89	30
2007	332	77	25
2009	399	111	26
2012	265	66	17

　　　　卸売業計（右軸）　　─○─繊維・衣服等　　─●─機械器具

資料：1994年～2007年は経済産業省「商業統計調査」、2009年は総務省「平成21年経済センサス－基礎調査」、2012年は総務省「平成24年経済センサス－活動調査」による（以下、同じ）。
（注）総務省「平成24年経済センサス－活動調査」では、「管理、補助的経済活動のみを行う事業所」、「産業細分類が格付不能の事業所」、「卸売の商品販売額（仲立手数料を除く）、小売の商品販売額および仲立手数料のいずれの金額も無い事業所」を含まない。したがって、2009年以前と厳密には連続しない（以下、同じ）。
出所：日本公庫総研レポートNo2014-5「中小卸売業の生き残り戦略『3 S＋P』」（2014年、5頁）

（2）事業所の大型化

　卸売業の変化は数の減少だけではない。経済産業省の産業活動分析「卸売業の動向と構造変化について」により事業所数を従業員規模別にみると、図表5－17にあるとおり、大規模店、中規模店、小規模店とも平成3年のピーク時から減少しているが、中規模、小規模店の方がより減少幅が大きくなっており、卸売業でも事業所の大型化が進んでいることを示している。

　この大型化は総合商社の卸売業への参入や大手卸売業のM＆Aによるものである。総合商社では特に三菱商事と伊藤忠商事が、大手卸売業ではバルタックとあらたが、積極的な展開を行っている。

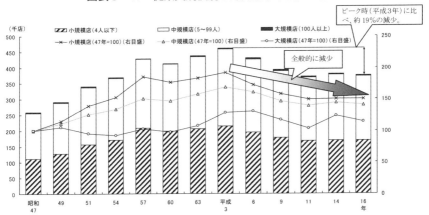

図表5－17　従業員規模別の卸売業事業所数の推移

資料：「商業統計調査」
出所：経済産業省　産業活動分析「卸売業の動向と構造変化について」49頁

（3）さらなる卸中抜きの進展

　流通における「卸の中抜き」は「流通構造とその変化」で説明したが、今後それがさらに進展することが予想される。その背景にあるのが大手チェーン小売業の躍進とICTの進展である。

　大手チェーン小売業の躍進はイオンやイトーヨーカドー等総合スーパーに代表されるが、最も成長しているのはコンビニエンス・ストアである。先に挙げ

た三菱商事と伊藤忠商事はそれぞれローソンとファミリーマートを傘下に抱えている。また、業界No.1のセブンイレブンはより規模が大きい。

これらの企業はほぼすべての商品をメーカーとの直取引で仕入れている。

ICTの進展も「4 インターネットの普及と影響」の項で前述したが、ここでは特に卸売業界で起きていることを説明する。

経済産業省の「平成26年度我が国経済社会の情報化・サービス化に係る基盤整備（電子商取引に関する市場調査）」によると図表5-18にあるとおり、我が国の企業間電子商取引（BtoB-EC）の平成26（2014）年の市場規模は広義電子商取引（EC）が280兆1,170億円（前年比4.0％増）、狭義電子商取引（EC）が195兆5,860億円（前年比5.0％増）と年々拡大しており、企業間取引の活発化を示している。

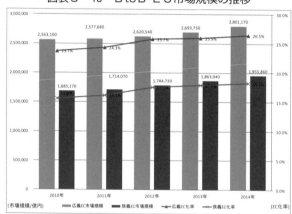

図表5-18　BtoB-EC市場規模の推移

出所：経済産業省「平成26年度我が国経済社会の情報化・サービス化に係る基盤整備（電子商取引に関する市場調査）」1頁

2 卸売業の機能の再整理と専門化

(1) 卸売業の機能の再整理

卸売業の機能は「需給結合・調整機能」「物流機能」「小売支援(リテールサポート)機能」「金融・危険負担機能」であり、商流・物流・情報流・金融流と言われたりする。その内容を要約すると図表5-19のようなものとなる。

図表5-19　卸売業の機能

需給結合・調整機能	メーカーと小売業の需給のギャップを結合・調整する機能である。小売業にとって必要な商品を調達する。また、メーカーにとって必要な需要の集約・予測を行う。近年では市場ニーズに即した商品を開発することも求められている。
物流機能 (ロジスティクス)	商品を運送・保管する機能である。単に商品を物的に移転させるだけでなく、在庫管理、流通加工、一括物流、温度帯物流などと高度化している。
小売支援機能 (リテールサポート)	各種施策により小売業の経営を支援する機能である。マーチャンダイジング支援だけでなくマーケティング支援、情報化支援などにも拡がりつつある。情報の収集・提供を基に卸売業としての提案力が必要となる。
金融・危険負担機能	代金の回収等において信用を提供、メーカー、小売業にとって多数の取引先と直接取引をする場合の手間を省くことができる。また在庫保持等の危険を負担する機能である。

出所：関西生産性本部編「中小企業経営診断の実務」ＴＡＣ出版(2008年、235頁)をもとに著者再作成

しかし、前述したように卸売業を取り巻く環境は大きく変化している。特に、ＩＣＴの進展による流通経路の短縮化・複雑化やメーカー・小売業という取引先の大型化と小売業の業態化による取扱商品の複雑化・ボーダーレス化は卸売業の有り様に大きな影響を与えている。

さらに、卸売業の4つ機能を支える情報システムの根幹をなすＩＴの技術革新が進んでおり、物流や需給結合・調整、小売支援、金融に関する情報の把握・提供に大きな影響を与えている。

その変化を表したものが図表5-20であろう。
　この変化を中小企業庁の中小企業実態基本調査による業種別の卸売の商品売上高の推移で見てみると図表5-21にあるとおり、卸売業の卸売売上高は平成18（2006）年から低下傾向にあり、平成22（2010）年では91.9％となっている。他方、製造業、小売業の卸売売上高は平成19（2007）年から増加傾向にあり、製造業で6.7％、小売業で4.0％となっている。特に、製造業ではこの傾向が顕著である。
　このことから、流通の段階でこれまで卸売業が担ってきた卸売機能を製造業（メーカー）や小売業が取り込みつつあることがわかる。

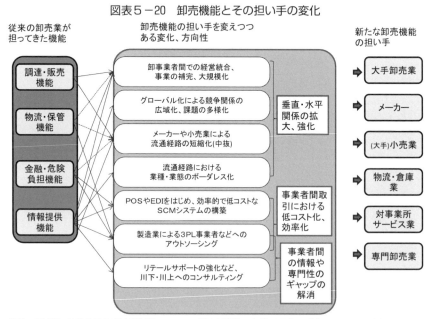

図表5-20　卸売機能とその担い手の変化

出所：（公財）大阪市都市型産業振興センター「卸売機能の産業間分業の動向に関する調査」4頁

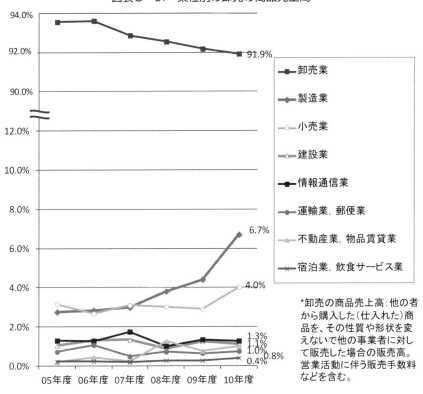

図表5-21 業種別の卸売の商品売上高

資料 中小企業庁「中小企業実態基本調査」
出所：(公財) 大阪市都市型産業振興センター「卸売機能の産業間分業の動向に関する調査」5頁

（2）卸売業の機能の専門化

卸売業はこれまで需給結合・調整、物流、小売支援、金融・危険負担という4つの、幅広く多岐にわたる機能を提供してきた。しかし、このような総合型のサービスを提供する卸売業は、それこそ総合商社や大手卸売業でしか対応できない。ここでは資本力も求められる。

その意味で、中小卸売業は何らかの機能に限定し、専門特化する必要がある。その機能は4つの機能をより絞り込んだ、図表5-22のようなものと考えられる。

図表5-22　限定機能を担う事業者

①限定機能卸売業	
現金持ち帰り卸売業 （Ｃ＆Ｃ）	現金取引を原則とし、商品の配達を行わない卸売業のこと（信用機能、物流機能を提供していない）
ラックジョバー	特定商品・特定コーナーの商品構成から在庫補充・プロモーションまで行う卸売業のこと
仲立業 （ブローカー）	不特定多数の買い手、売り手のために商品の売買を仲介する卸売業のこと
販売代理商 （エージェント）	特定のメーカーや小売業のために、継続的に商品の販売や調達に従事する卸売業のこと
②卸売業ではないが、限定機能を担う事業者	
３ＰＭＤ	サードパーティ・マーチャンダイジング（Third Party Merchandising）。小売店頭における商品陳列やプロモーション等を行う専門業者のこと
３ＰＬ	サードパーティ・ロジスティクス（Third Party Logistics）。メーカーや小売業のロジスティクス業務を行う専門業者のこと
決済代行企業	経理業務や売掛・買掛金の管理など、金融に関する機能を提供する専門業者のこと

出所：宮下正房監修、関口壽一・三上慎太郎・寺嶋正尚「卸売が先進企業になる法」日刊工業新聞社（2008年、29頁）

（3）水平展開と垂直展開

　これらの機能に専門特化することができれば、その後にその機能を軸として水平展開と垂直展開ができることになる。水平展開はいわゆる他企業との連携である。

　図表5-22で示した３ＰＬ（物流）であれ、決済代行（金融）、ラックジョバー（リテールサポート）であれ、何らかの機能に専門特化することができれば、他の機能に専門特化した卸売業や事業者と連携することでより高度化した流通サービスを提供できることとなる。

　垂直展開は製造業、小売業への進出、もしくは連携である。製造業への進出はＰＢ商品の開発、小売業への進出はアンテナショップ等小売直営店の開設である。

連携は製販、もしくは製配販同盟として以前から言われてきたものであるが、近年この連携・同盟を一体として捉えたものとしての取組みが活発化している。

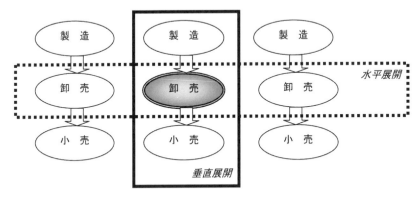

図表5-23　中小卸売業の事業展開のパターン

出典：中小企業金融公庫総合研究所にて作成
出所：中小公庫レポートＮo2005-5「中小卸売業における新たな事業展開」（2005年、47頁）

3　卸売業における生産性の向上とイノベーション

(1) 卸売業における生産性の向上

　この機能のいずれかに専門特化した中でいかに生産性を上げ、イノベーションを起こすかを考えることとなるが、まずは専門特化することにより投資効率（生産性）は上がるであろう。また、競合との差異化も図れることとなる。

　これはすでに物流機能における3PLで起こっている。「卸の中抜き」は今後も進む可能性がある。しかし、流通機能を中抜きすることはできない。つまり、メーカーが生産した商品は消費者に届けるまで誰かが運ばなければならない。

　起きていることは、これまで卸売業が行ってきた流通段階での機能を誰が担うかということの変化である。これが物流機能で顕著に現れている。ここではメーカーや小売業も自ら手がけているが、運送業から参入してきた企業等を含めロジスティクスといえるレベルまで専門化したものとなれば、メーカーや小

売業はアウトソーシングした方が効率的であり、得策となる。

その意味では、図表5-22で挙げた他の限定機能においても同様のことがいえる。

a．ロジスティクスと3PL

物流は、取引に合わせて商品を運び、保管し、加工し、仕分けする活動であり、運送と保管という主要機能とそれらを支える包装・荷受け・情報という機能の組み合わせで構成されている。

・ロジスティクス

ロジスティクスは、これらの物流機能を含めたモノの流れをトータルで連携させて、メーカーや小売店、消費者に対してより高度なサービスを低コストで提供しようとする考え方である。つまり、「得意先顧客に対する付加価値物流サービス水準の最適化とローコスト・オペレーションによるロジスティクス・コストの最小化」を基本コンセプトとして、経営管理業務のプロセスを一貫したモノの流れの側面から最適化しようとするものである。そのため、商品の原材料等の供給業者まで含まれることとなる。

この発展を推進させているものがITの技術革新であろう。

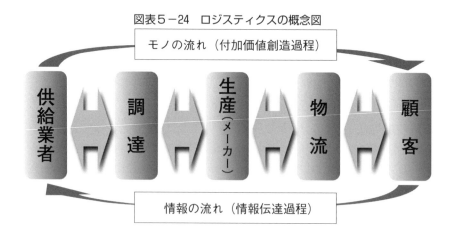

図表5-24 ロジスティクスの概念図

ロジスティクスにおけるポイントは、大きく展開エリア、リードタイム、製品供給方式に分けられるが、そのサービス水準の最適化が求められる。そのため、顧客サービスの増大に伴う収益の見極めが重要となる。また管理された顧客サービスの成果として、トータルコストの最小化、在庫圧縮、物流波動の平準化、品質の信頼性向上が挙げられる。

ロジスティクスの顧客サービスの要素としては、図表5-25のようなものがある。

図表5-25　ロジスティクスの顧客サービス要素

顧客サービス要素	内容
リードタイムの短縮	発注時点から納品時点までの経過時間
在庫アベイラビリティ	受注時に手持在庫から即納できる確率
注文充足率	発注件数のうち、分納せずに所定リードタイム内に納品完了した注文件数
ロットサイズ	ロットサイズに制限がないのが最良のサービス 最低受注ロットの大きさ（メーカーケースロット）
発注の便宜性	締切時刻やFAX受注・EOS・EDI・電子メールを利用できるかなどの便宜性
配送頻度	毎日・週1回・月1回配送
注文状況情報	注文の処理状況に関する問い合わせに応答するサービス
特別注文への対応	納品時間指定・特別配送方法指定などに対応できること
クレーム処理手続	クレーム処理の標準手続が定められ迅速な対応ができること

・3PL

3PLは、このロジスティクス業務を専門に担う業者のことである。ここでは単に商品を運ぶだけでなく、最も効率的に物流機能を連携させるための戦略企画立案や物流システムの構築の提案が求められる。

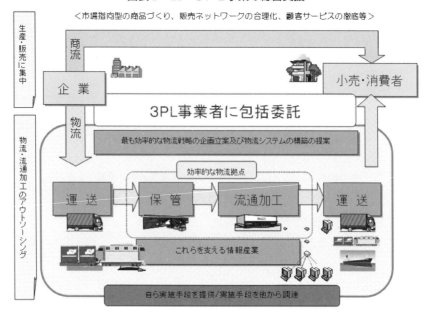

図表5−26　3PL事業の総合支援

出所：国土交通省HP「3PL事業の総合支援」より抜粋
（URL）http://www.mlit.go.jp/seisakutokatsu/freight/butsuryu03340.html

　中小卸売業がここに専門特化することは可能であろう。ただ、ここにはヤマト運輸や佐川急便など運送業からの参入が顕著である。また、物流大手だけではなくコンビニ等に代表される小売チェーン店、アマゾンなどのネット通販業からの参入もあり、競争は激しい。
　そのため、ここではより絞り込んだ何らかの機能、もしくは業界に特化することが求められよう。

b．ラックジョバー
　ラックジョバー（rack jobber）とは、ラックが陳列棚、ジョバーが問屋のことを意味し、小売店から売場の一定スペース（棚）を借り、商品構成や売価設定、商品補充などの管理業務を行う専門業者のことである。
　商品の専門性や嗜好性が高く、小売店に品揃えや売場管理等のノウハウがな

い場合にラックジョバーに任せるという考え方である。小売店としては店舗や品揃え幅を広げる場合に負担を軽減しながら売上が確保できる。また、ラックジョバーも自前の店を持つことなくして、店の陳列棚を借り、売上をあげることが可能となる。

ここではマーチャンダイジングやプラノグラム、インストア・プロモーションの知識やノウハウが求められることとなる。ただこれまで商品の陳列や売場作りを得意としていた卸売業であれば、これらをより高度化することにより機能特化することが可能であろう。

このラックジョバーをさらに進化させた業態が「サービスマーチャンダイザー」である。これは小売業のインストア業務を代行するだけでなく、メーカーの営業代行として店内業務を請け負い、売上を向上させている。

（2）卸売業におけるイノベーション

a．SCM

SCM（Supply Chain Management：サプライチェーンマネジメント）は供給連鎖管理といわれ、ロジスティクスを戦略的により高度化したものといえる。つまり、「生産から販売に至る多段階の商品の流れを連鎖化し、商品価値を最大化するとともに、プロセス全体を効率化するロジスティクスフロー全体を設計し管理すること」であり、個別企業レベルでの最適化ではなく、サプライチェーンレベルでの最適化を目指す「供給連鎖管理」である。

その背景には、情報ネットワーク技術や経営管理システム開発の進展、競争環境の激化によるチャネル内パワー競争からサプライチェーン間競争の時代へ直面、商品の在庫削減による物流コストの最小化と在庫回転率の向上による低コストでスピーディな商品供給の必要性等がある。

SCMに取り組むに当たっては以下のような点がポイントとなる。

・CRP（Continuous Replenishment Program）の導入

CRPとは連続的補充プログラムのことで、納入業者がネットワークを通じてPOSレジによる売上や在庫を把握し、需要予測を基に商品を補充するシステムである。飲料・加工食品・日用雑貨等の業界においては、メーカー

と卸売業の間でこのシステムにより得意先卸売業の発注に応じて商品を届ける受・発注システムから、必要数量を予測して計画的に補充する受・発注レスの補充システムに移行している。

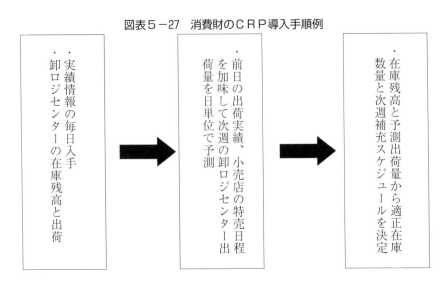

図表5-27 消費財のCRP導入手順例

・実績情報の毎日入手
・卸ロジセンターの在庫残高と出荷

→

・前日の出荷実績、小売店の特売日程を加味して次週の卸ロジセンター出荷量を日単位で予測

→

・在庫残高と予測出荷量から適正在庫数量と次週補充スケジュールを決定

ここでは納入業者であるメーカーが納品計画を立てるため、卸売業は業務の大幅な効率化が実現する。これによって単品大量納品が可能となる。また、バラ単品のピッキング作業がなくなり、出荷検品・トラック積込み作業の省力化、トラック積載効率の上昇等、物流センターの複合的な業務改善に大きな効果が期待できる。

図表5-28 CRPによる補充物流の効率化

フロー項目	従来型	CRP型
納品リードタイム	受注～納品リードタイムは1日以内	納品は週間計画
受注・納品	毎日受注 毎日納品	受注なし 計画的な納品
ピッキング	バラ単位のピッキング梱包あり	原則的にバラ単位のピッキング・梱包なし
出荷単位	ケース単位の出荷が主体	パレット単位の出荷が主体

・実需対応型生産体制の確立
　メーカーが保有している販売情報は、得意先顧客の発注者の予測が反映された情報であり、その間には何回もの意思決定が行われているため「つくりすぎ」が発生する。SCMではCRPを導入することにより、小売店の在庫を把握することからこのムダを削減することができる。
・製品品質の向上・販売機会の増大によるマーケットの拡大
　SCM導入による需要対応のタイムリーな補充の実現によって製品の品質が向上し、販売機会が増大する。それにより需要喚起に連鎖する。

図表5-29　サプライチェーン設計のポイント

1	サプライチェーン上の登場者全体で考える
2	全体最適が基本
3	物とオペレーションを中心に考え、ハードはあと
4	サプライチェーン統括管理機能を置く
5	情報重視

b．商品開発・調達
　ロジスティクス・3PL、ラックジョバー等の機能に専門特化し、より高度化することをイノベーションと言えなくもないが、本来、卸売業の業務としては捉えられていなかった「商品開発」にまで取り組んでいる企業がある。
　これは「製配販の一体」ということで言われてきたもので、サプライチェーンを一体のものとしてマネジメントしようという考え方をより発展させたものである。
　ただ当初は、流通の流れが商品作りから始まることや企業規模等のことからメーカーからの発想が強かった。しかし、小売店が大型化することによりバイイングパワーが強まったことと店頭で消費者から直接ニーズを聞けること等から、小売業で商品を開発する取組みが始まった。その代表例がSPA（製造小売業）である。
　これについては後述する小売業の項で詳しく説明するが、このSPAの中で

の商品の企画開発が卸売業でも起きている。これは旧来の製造卸売業の小売進出ともいえよう。

ここでは基本的に自社工場を持たないファブレスである。つまり、自社では商品の企画開発を行うだけで、生産はメーカーに依頼する。そのため、中小の卸売業が中小のメーカーに発注することで設備投資等の負担なく、参入が可能となる。

これらはＰＢ商品ではなくオリジナルブランド（自主企画）商品である。また、商品を小売業に納入するのではなく販売も自ら手がけることに大きな特徴がある。

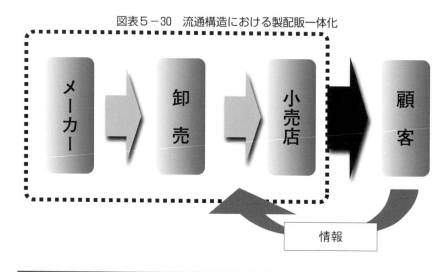

図表5-30　流通構造における製配販一体化

6 小売業（消費者販売）プロセス

1 小売業界の動向

（1）小売業の動向

経済産業省の「商業統計」、総務省「平成24年経済センサス—活動調査」を再

編加工した中小企業庁「2015年版小規模企業白書」によると、図表5－31にあるとおり、小売業の年間商品販売額は平成9（1997）年の147.7兆円をピークに低下傾向にあり、平成24（2012）年には110.5兆円[(4)]となっている。

同様に中小企業庁「2015年版小規模企業白書」により事業所数の推移を見てみると、図表5－32にあるとおり、中小事業所は平成元（1989）年の657万事業所をピークに減少傾向にあり、平成24（2012）年には537万事業所となっている。

またその内の、小規模事業所数を見てみると同じく平成元（1989）年の509万事業所をピークに平成24（2012）年400万事業所に減少している。

これを減少幅で見てみると、中小事業所は120万事業所が減少（▲18.2％）、小規模事業所は109万事業所が減少（▲21.4％）しており、小規模事業所の方がより厳しいことがわかる。

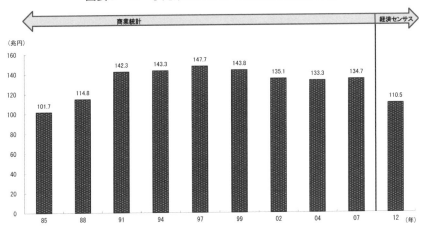

図表5－31　小売業における年間商品販売額の推移

資料：経済産業省「商業統計」、総務省・経済産業省「平成24年経済センサス－活動調査」
（注）1．年間商品販売額については、2007年までは「商業統計」、2012年は「平成24年経済センサス－活動調査」を使用している。
　　　2．「平成24年経済センサス－活動調査」の名簿は「平成21年経済センサス－基礎調査」の結果を中心に作成されており、「商業統計」とは名簿、調査方法等が異なっていることに注意が必要である。
出所：中小企業庁2015年版小規模企業白書、135頁

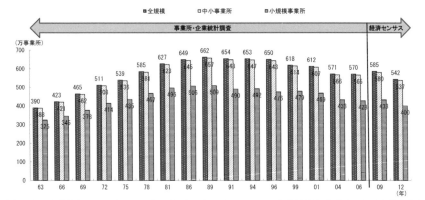

図表5−32　我が国の事業所数の推移

資料：総務省「事業所・企業統計調査」、「平成21年経済センサス−基礎調査」、総務省・経済産業省「平成24年経済センサス−活動調査」再編加工
（注）1．1991年までは「事業所統計調査」（1989年は「事業所名簿整備」）、1994年は「事業所名簿整備調査」として行われた。
　　　2．事業所ベースであり、事業所を名寄せした企業ベースではない。
　　　3．2012年の数値より、中小企業及び小規模事業者の事業所数に政令特例業種を反映している。
　　　4．「小規模事業所」については、1996年以前は事業所統計上の「事業所の従業者総数19人以下・または4人以下」の公表値を使用。1999年以後は、事業所・企業統計調査、経済センサス個票再編加工により「事業所の従業者総数20人以下、または5人以下」の値を用いている。中小企業基本法に定められた小規模企業者の基準（常用雇用者20人以下（一部の業種は5人以下））とは異なる。
出所：中小企業庁2015年版小規模企業白書、72頁

　同様に中小企業庁「2015年版小規模企業白書」により小規模事業者の事業所数の推移を見てみると、図表5−33にあるとおり、小売業（含む飲食店）は昭和56（1981）年の207万事業所をピークに一貫して減少傾向にある。平成24（2012）年には104万事業所と半減しており、非常に厳しい状況にある。

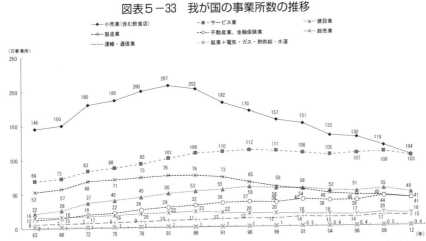

図表5-33　我が国の事業所数の推移

資料：総務省「事業所・企業統計調査」（63～06年）、「平成21年経済センサス‐基礎調査」（09年）、総務省・経済産業省「平成24年経済センサス‐活動調査」（12年）再編加工

(注) 1. 1991年までは「事業所統計調査」（1989年は「事業所名簿整備」）、1994年は「事業所名簿整備調査」として行われた。
2. 事業所ベースであり、事業所を名寄せした企業ベースではない。
3. 統計上の「事業所の従業者総数19人以下・または4人以下」の公表値を使用しており、中小企業基本法に定められた小規模企業者の基準（常用雇用者20人以下（一部の業種は15人以下））ではない。
4. 「飲食店」は、2001年まで「小売業」に分類されていた。比較を可能にするため、2004～2012年においては「サービス業」に含まれている「飲食店」を「小売業」に含めてカウントしている。

出所：中小企業庁2015年版小規模企業白書、73頁

（2）事業所の大型化

　事業所の大型化は前述したように小売業界でも起きている。これを同様に中小企業庁「2015年版小規模企業白書」により売場面積別の小売業事業所数の変化を見てみると、図表5-34にあるとおり、平成14（2002）年から平成19（2007）年にかけては小規模店が減少、一方で中規模・大規模店が増加していることがわかる。

　平成19（2007）年から平成24（2012）年にかけては小規模店の減少幅が大きくなるとともに中規模店も減少、一方で大規模店の増加は鈍化していることがわかる。

　このことから小売業界では、中小店の淘汰が進みつつあるとともに大型店のより大規模化が進んでいる。ただ、店舗数は飽和状態を迎えつつあり、スクラッ

プアンドビルドが行われていることが予想される。

つまり、量から質の変化である。それを代表する取組みが業態化であろう。

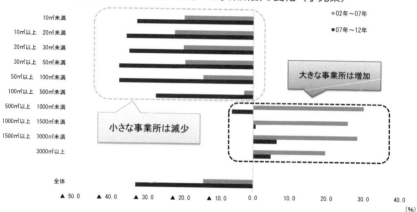

図表5-34 売場面積別みた事業所数の変化（小売業）

資料：経済産業省「商業統計」、総務省・経済産業省「平成24年経済センサス－活動調査」
(注) 1. 事業所数については、2007年までは「商業統計」、2012年は「平成24年経済センサス－活動調査」を使用している。
    2. 「平成24年経済センサス－活動調査」の名簿は「平成21年経済センサス－基礎調査」の結果を中心に作成されており、「商業統計」とは名簿、調査方法等が異なっていることに注意が必要である。
出所：中小企業庁2015年版小規模企業白書、136頁

2　小売業の業態化とSPA

(1) 小売業の業態化

　小売業では長くメーカー、卸売業と同様、取り扱う商品による分類が行われてきた。それが業種である。しかし、消費者の視点に立つと、一度に欲しいものが揃っている方がよい。そのため、この顧客視点を基にして品揃えを考えようとしたものが業態である。つまり、商品の捉え方、扱い方を変えたのである。この商品取り扱い技術のことを業態技術という。

　この業態の最も代表的な例がコンビニエンス・ストアであろう。コンビニエンス・ストアはその名のとおり「便利さ（コンビニエンス）[5]」を売っている。

そのため、品揃えに制約がない。一般的な商品の販売ではＮＢ商品に加えてＰＢ商品[6]を、また情報端末による金融サービスやチケット販売も行っている。さらに近年では、コーヒーやドーナツなどの販売やイートイン機能などを備えつつある。

　これらを支え、機能させているものが、ＰＯＳシステムを背景とした単品管理であり、これと物流、情報システムとの統合である。

　このように現代の業態とは、単に品揃えの妙に止まらず高度に発達した業態技術のパッケージとして現れている。

（2）ＳＰＡ

　ＳＰＡとは、"Speciality store retailer of Private label Apparel"の頭文字であり、文字通りアパレル・ファッション業界から発祥した業態である。具体的には、ファッション商品の企画・開発から生産、物流、在庫管理、販売までの機能を垂直統合したビジネスモデルで、「製造小売業」と訳される。

　ただ、生産といっても自社工場で行っていることは少なく、商品の企画・開発と生産管理を行っている、いわゆるファブレス業態である。

　このＳＰＡという考え方は流通経路であるサプライチェーン全体を一企業でコントロールしようとするもので、米国のギャップが宣言したことが始まりである。代表例としては、ファッション業界でユニクロ、ワールド、ＺＡＲＡなどがあるが、現在ではファッションに止まらず、さまざまな業界に波及しつつある。

　ＳＰＡでは、店頭でのＰＯＳ情報による需要予測とメーカーの生産情報、在庫情報を基に需給調整を行うが、このサイクルを極力短くするために発注頻度を多くする。それによりサプライチェーン全体の商品回転率を上げようとする。これがスピード経済の効用である。

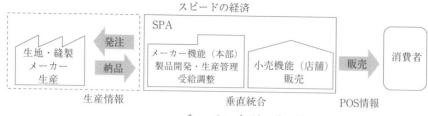

図表5−35　SPAの仕組み

出所：石原武政・竹村正明編著「1からの流通論」碩学舎（2014年、61頁）

3　小売業における生産性の向上とイノベーション

（1）小売業における生産性の向上

　小売業における生産性の向上としてはこのスピード経済の効用を享受したいところである。ユニクロなどの大手企業では、このスピード経済とともに多店舗展開による大量販売（大量生産）という規模の経済の効用を受けている。

　しかし、ここには情報システムの整備という投資が必要となり、中小企業の参入は容易ではない。そのため、ここでは小売業の生産性向上としてインストア・マーチャンダイジング（ISM：in-store merchandising）を考えたい。

a．インストア・マーチャンダイジング

　インストア・マーチャンダイジングは、スペース・マネジメントとインストア・プロモーションに大きく分けられる。インストア・マーチャンダイジングの構成と領域をまとめると図表5−36のようなものとなる。

　小売業における生産性向上では、スペース・マネジメントのフロア・マネジメント（レイアウト計画）とシェルフ・スペース・マネジメント（商品の棚割）、インストア・プロモーションの非価格主導型のコーナー（エンド）展開やデモ、POPなどが重要となる。

　これは卸売業の小売支援機能（リテールサポート）に求められるカテゴリー・マネジメントの考え方とほぼ同様であり、スペース・マネジメントにおける"フロア・マネジメントとシェルフ・スペース・マネジメント"がカテゴリー・マ

図表5−36 インストア・マーチャンダイジングの構成と領域

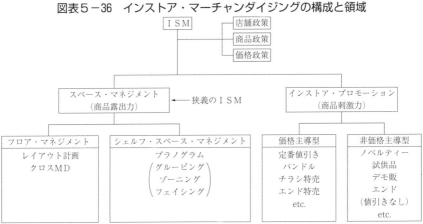

出所：流通経済研究所編「インストア・マーチャンダイジング」日本経済新聞出版社（2016年、11頁）

ネジメントにおける"フロア・レイアウトとプラノグラム"となる。そのため、卸売業で挙げたラックジョバーにはこのノウハウが求められることとなる。

　このスペース・マネジメントは売場におけるスペースの効率を考えるもので、小売業における生産性向上において重要な役割を果たす。これを前述したGMROIと組み合わせて考えると以下のような公式で表される。

　このスペース収益性（生産性）におけるスペースの範囲を、売場全体、特定商品カテゴリーの陳列スペース、特定商品単品の陳列スペースとすることにより、店舗、特定商品カテゴリー、特定商品それぞれの生産性を評価することが可能となる。

　ここでは、シェルフ・スペース・マネジメントの巧拙がポイントとなる。

出所：田島義博「インストア・マーチャンダイジングがわかる→できる」ビジネス社（2001年、213頁）

もう１つの重要な視点が、売場（店舗内）のどこに、どの商品を置くか、ということである。売場スペースの販売力は、その売場の前の通過・立寄客数という量と、どのような顧客が通るかという質の観点から把握する必要がある。

　客数の多少は、売場のどこのスペースかという物理的な条件とともにそこに置く商品の吸引力により左右されることとなり、それが販売力に影響を与える。

　質とは顧客の購買心理の状態である。売場に来たばかりの店頭と精算のために並ぶレジやその付近では同じスペース・商品でも販売力は変わる。これを考えるのがフロア・マネジメントとゾーニングである。

b．売場生産性向上の体系

　売場生産性（スペース収益性）は単位スペース当たりの利益額を上げるか、スペース生産性を向上させることで高めることができる。

　この売場生産性（スペース収益性）の向上を体系図として表すと図表５−37

図表５−37　売場生産性向上の体系図

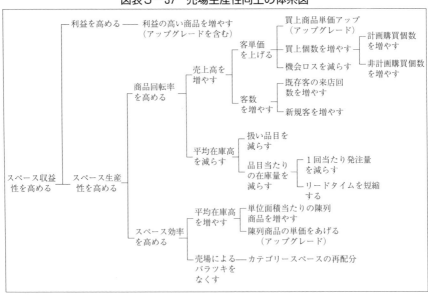

（出所）田島義博「インストア・マーチャンダイジングがわかる→できる」ビジネス社（2001年、215頁）に筆者加筆

のようなものとなる。

　インストア・マーチャンダイジングは、その名のとおり「インストア＝店頭（店内）」をいかに効果的、効率的に活用し、生産性を向上させるかを考える活動である。そのため、小売店舗の店頭（店内）における顧客の行動の流れとそこでの展開を組み合わせた考えといえる。

　それを図で表すと図表5－38のようなものとなる。インストア・マーチャンダイジングは特に、「店内に入る」から「商品購入」にいたる流れの中で有効となるものである。

図表5－38　店舗における顧客行動の流れと展開の組み合わせ

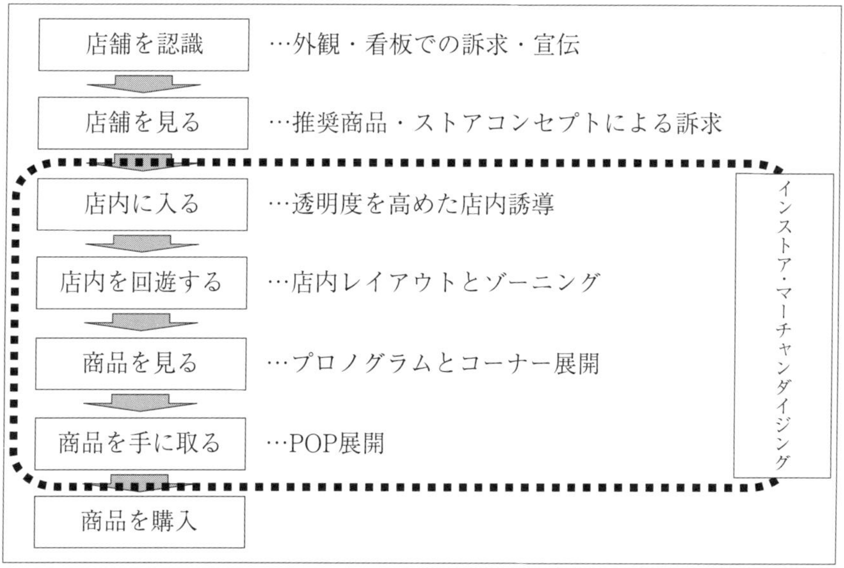

顧客行動	展開
店舗を認識	…外観・看板での訴求・宣伝
↓	
店舗を見る	…推奨商品・ストアコンセプトによる訴求
↓	
店内に入る	…透明度を高めた店内誘導
↓	
店内を回遊する	…店内レイアウトとゾーニング
↓	
商品を見る	…プロノグラムとコーナー展開
↓	
商品を手に取る	…POP展開
↓	
商品を購入	

「店内に入る」から「商品を手に取る」までの範囲がインストア・マーチャンダイジング

【事例】イメージアップにともなうアップグレードと売場生産性の向上

　I社は都心から30分程度の郊外都市駅前のビル内にあるインショップである。売場は約20坪、従業員は３名で運営している。当初は陶磁器を専門に扱う、いわゆる陶器屋として事業を始めた。ただ、単なる卸売からの仕入
だけでなく、専門店として九州有田を訪ね作家作品等も扱うなどの展開を行っていた。しかし業界の事業環境は厳しく、将来展望を描くことが難しくなりつつあった。

　そのような中、有田焼の陶芸作家の人たちの手がきれいなことに気がつき、オリジナル商品として陶土を使った「石けん」を９年前に開発したのである。ただ、当初は販路等の拡がりを受けて拡売につながったものの、次第に伸び悩み、頭打ち状態になりつつあった。

　そこで事業を整理し直し、この化粧品類を中心に据えた展開に切り替えた。それにより店舗のイメージアップを図った。また、それに併せて店舗展開を大きく変更し、陶器も売場と商品の整理整頓を行った。具体的には店内レイアウトの変更に伴うゾーニングの明確化と化粧品のコーナー展開の拡充である。

　化粧品が大きく目立つようになったことで店舗のイメージが大きく向上し、訴求力が強まった。さらに、店舗内での全体イメージを保つために、これを陶磁器売場の展開に反映させた。それにより、さらにグレード感が増
すという好結果が生まれたのである。これらにより商品単価を向上させるアップグレードが行えた。

　陶磁器売場での具体的な展開としては、テーマを持たせたコーナー作りとＰＯＰの充実である。それにより在庫を増やすことなく、売上の向上が実現できている。これらにより売場の生産性は確実に向上した。

（２）小売業におけるイノベーション

　小売業においても商品開発が行われている。これは卸売業同様、本来小売業の役割ではない。その意味で、革新的な取組みであり、イノベーションといえよう。

　小売業は流通構造で説明したとおり、メーカーが製造した商品を仕入れ、消費者に提供することが役割であった。しかし、前述した流通構造や消費者等の変化により小売業に求められる役割が変わった。その代表例がＳＰＡであり、大手小売業のＰＢ商品開発である。

　ＰＢ商品は、当初総合スーパーがＮＢ商品に対抗するためにメーカー名を前面に出さず自主企画商品として開発したもので、一般的にメーカー品と比べて品質が同等で価格が２～３割安いことを売りにしてきたものであった。

　しかし現在行われていることは価格（安さ）ではなく価値の提供であり、独自企画商品といえるレベルにある。この高付加価値化によるオリジナル商品の開発に取り組む最大のメリットは、価格決定権を自らが持てることにある。

　本来ＳＰＡ（製造小売業）はファッション業界から生まれた業態であるが、このようなオリジナル商品の開発が行われるようになったことにより、ＰＢ商品開発も製造小売業といえる段階となった。小売業主体の製配販一体ともいえるこのＳＰＡ化は、多くの業種・業態で取り組まれている。

　これを支えている背景が、前述した消費者の価値観の変化であり、購買動向である。また、中小製造業の下請からの脱却志向や小ロット生産を可能とした製造機器の技術革新も忘れてはならない。

（３）情報化の進展が小売業に起こす生産性の向上・イノベーション

　情報化の進展はすさまじいといえるほどのスピードであり、さまざまな技術や製品が開発されている。これらの技術や製品は小売業自らが開発する場合もあるが、多くはそれを利活用する立場にあろう。

　小売業においては、この利活用の巧拙が生産性の向上やイノベーションに大きな影響を与えるといえる。近年起きている代表的な取組みがフィンテックとＯ２Ｏ（オンライン・ツー・オフライン）、オムニチャネルである。ここではそ

の概要を説明する。

a．フィンテック

　フィンテック（FinTech）とは、金融を意味するファイナンス（finance）と技術を意味するテクノロジー（technology）という二つの言葉を組み合わせた造語である。受けられる金融サービスは従来のものと同様であるが、ＩＴ（情報技術）と融合することでより身近で使いやすくなる。

　この浸透を後押ししているものが情報化の進展、特にスマートフォンの普及であろう。フィンテックそのものは技術革新であり、イノベーションといえる。小売業はそれを活用することにより生産性を向上させることが可能となる。

　フィンテックで行われている金融サービスは、電子決済、資産管理、クラウド会計、ネット小口融資等があるが、小売業では店頭決済が簡易に可能となるスマートフォン決済が広く普及しつつある。

　ここでは、米ペイパル、米スクエア、コイニーなどベンチャー系だけでなく、楽天やカカクコム等大手も参入している。

b．Ｏ２Ｏ

　Ｏ２Ｏ（オンライン・ツー・オフライン：Online to Offline）は、総務省の「平成26年版情報通信白書」によると、「ネット店舗やソーシャルメディア等の『Online（オンライン）』側と、実際の店舗を示す『Offline（オフライン）』側の購買活動が相互に連携・融合し合う一連の仕組・取組のことを指す」とされている。この取組みが浸透し始めていることもスマートフォンやタブレット端末の急速な普及が背景にある。

　以前は「クリック・アンド・モルタル（Click and mortar）」や「バーチャルとリアル」などとも言われ、競合（カニバリゼーション：共食い現象）するものとして捉えられた時期もあったが、情報化の進展により徐々に実店舗とネット店舗の仕組みを融合するようになっており、Ｏ２Ｏと呼ばれている。

　そのため、Ｏ２Ｏを「オフライン・ツー・オンライン：Offline to Online」と捉える場合もある。情報化の進展は今後も進むことが予想されることから、中

小小売業としてもO2Oの展開を無視できなくなっている。

c．オムニチャネル

　小売業で起きているネットとリアルの融合であるO2Oを流通業として捉え、発展しているものがオムニチャネルと言える。

　「オムニ（omni）」とは日本語で「すべて、あまねく」という意味を持っている。情報化の進展により、消費者が商品の購入に至る過程（流通）において、実店舗、ＰＣサイト、モバイルサイト（スマートフォン・タブレット端末）、ＳＮＳ等ソーシャルメディア、従来型メディア（新聞・雑誌・ＴＶ）、カタログ、ＤＭ等あらゆる販売チャネルや物流、情報流通チャネルを経由する時代となっている。

　オムニチャネルは、経済産業省の「平成26年度電子商取引に関する市場調査」によると、「消費者がこれらの複数のチャネルを縦横どのように経由してもスムーズに情報を入手でき購買へと至ることができるための、販売事業者によるチャネル横断型の戦略やその概念、および実現のための仕組みを指す」とされている。

　この仕組みやインフラを整える投資を一企業で行うことは大手でないと難しい。国内での取組み例としてはセブン＆アイ・ホールディングス、高島屋、J.フロントリテイリングなどがあるが、途についたところと言えなくもない。

　しかし、この取組みは今後も広がることが予測されることから、中小小売業としてはこの動きをただ静観しておくこともできない。そのため、オムニチャネルとどう関わるのか、どう差異化するのかを考える必要がある。中小卸売業にとっても同様のことが言えよう。

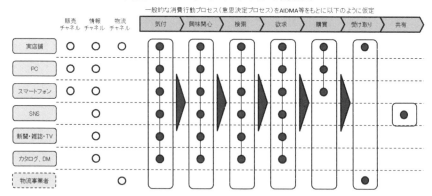

図表5-39 オムニチャネルの概念図

出典：経済産業省「平成26年度電子商取引に関する市場調査」
出所：経済産業省「平成26年度我が国経済社会の情報化・サービス化に係る基盤整備（電子商取引に関する市場調査）」50頁

7 本章の重要なポイント

第5章では流通業における生産性向上について説明してきた。ここではそれらを生産性向上策として以下にまとめる。

1 卸売業における生産性向上策

卸売業における生産性向上策には、利益率の向上、商品回転率の向上、スピードの向上という3つのポイントがある。

（1）利益率の向上

利益率を向上させるためには、取扱商品の高付加価値化が求められる。具体的には、利益の高い商品の発掘や開発である。また、卸売機能の専門化による専門性の向上により商品の高付加価値化を図ることも可能であろう。

いずれにしても卸売業は、商品調達力を強化し、取扱商品の品揃えを充実させることが求められている。また、商品開発に取り組むことによるＳＰＡへの

進出も目指したい。

（2）商品回転率の向上

商品回転率を向上させるためには、売上高の向上と在庫高の圧縮が求められる。売上高向上においては、高付加価値商品の取り扱いによる商品単価アップや売れ筋商品の充実が必要となる。また、卸売機能の専門化（事業コンセプトの明確化）による発信力強化、専門性の発揮による売上向上や取引先開拓が必要となる。これらは求められているソリューション営業による提案力強化の前提となる。

在庫高圧縮においては、卸売機能の専門化による取扱商品の絞り込みやＡＢＣ分析等の商品管理による在庫削減が求められる。

（3）スピードの向上

スピードの向上とは回転率そのもののスピードを上げることである。そのためには、リードタイムの短縮が求められる。具体的には、ロジスティクスへの対応（３ＰＬの活用）、ＥＣＲやＳＣＭ・ＣＲＰの導入が必要となる。ここでは情報システムの整備、強化が前提となる。

このスピードの向上を求めて業態化したものがＳＰＡともいえる。

2　小売業における生産性向上策

小売業における生産性向上策には、利益率の向上、商品回転率の向上、スペース効率の向上という３つのポイントがある。

（1）利益率の向上

利益率を向上させるためには、卸売業と同様に取扱商品の高付加価値化が求められる。具体的には、利益の高い商品の発掘や開発であるが、ここでは消費者ニーズが前提であることは言うまでもない。小売業は流通業の中で、この消費者に最も近い立場にある。また、商品開発の取組みはＳＰＡへの進出につながる。

（2）商品回転率の向上

　商品回転率を向上させるためには、売上高の向上と在庫高の圧縮が求められる。売上高向上においては、店舗イメージの向上によるアップグレード、ストアコンセプトの明確化による発信力強化、コーナー展開による関連購買増、店頭改善による入店率の向上、既存顧客への再アプローチ、顧客との関係性強化によるリピーター化などが必要となる。

　在庫高圧縮においては、ストアコンセプトの明確化による在庫整理、発注単位の削減・短サイクル化が必要となる。

（3）スペース効率の向上

　スペース効率を向上させるためには、売場スペースの有効活用が求められる。具体的には、売場レイアウトの再配置、カテゴリースペースの再配分、陳列商品の再整理（アップグレード）が必要となる。

［注］
（1）　産業財はさらに生産財と資本財に区分される。
（2）　W／W比率とは、卸売業全体の販売額から「本支店間移動」を除いた値を、卸売業者以外の販売額（「小売業者向け」、「産業用使用者向け」、「国外（直接輸出）向け」及び「消費者向け」の合計値）で除した値であり、この値が1に近いほど卸売業者間の取引回数が少ないことを表す。卸迂回比率ともいう。
（3）　EC化率とは、全ての商取引金額（商取引市場規模）に対する、電子商取引市場規模の割合を指す。EC化率の算出対象は、BtoC-ECにおいては物販系分野としている。
（4）　平成24（2012）年の数値は「平成24年経済センサス－活動調査」によるものであり、平成26年の商業統計では127兆8,949億円となっている。
（5）　この便利さの提供は、立地（近さ）であり、いつでも開いているという時間でもある。
（6）　ここでいうPB（プライベートブランド）商品とはNB商品に対応した言葉であり、実態はオリジナル（自主企画）商品となっている。ダブルブランドとして展開している場合もある。

◆◆◆ 終 章 ◆◆◆

総 括

中堅・中小企業は、大企業と比較して、経営資源の量（経営規模）においては劣位であるが、経営資源の質的な面で独自性があり、ユニークであり、模倣困難性を有しているからこそ、事業継続しているのである。

　事業継続には、顧客が存在し、顧客に価値を提供し続けていく必要があり、顧客が原価以上に支払う価値が付加価値ということになる。

　本書では、中堅・中小企業が経営規模において劣位であっても、イノベーションを通じて、付加価値を高い比率で提供するために、上位概念から順に、「経営戦略」、「経営管理」、「オペレーション」の３つの経営機能毎に生産性を向上するための留意点を解説してきた。

　「経営戦略」では、全社レベルでの経営資源の方向性を見直し決定する。ある特定の市場・顧客や特定の製品・サービスに特化しているが故にその市場・顧客や製品・サービスをイノベーションによってチェンジしなげればならない場合には、特に重点とすべきは生産性向上策となる。この場合には、新たな市場・顧客を開拓すること、あるいは潜在需要から新たな需要を創造すること、そして経営資源には制約がある中堅・中小企業は、現在のコアな資源を横展開するか、外部のネットワークとの連携や場合によってはＭ＆Ａによって外部資源を活用して経営戦略を展開していくことが重要である。

　次に「経営管理」では、経営戦略を具体化し、経営レベルから個人レベルの計画に展開し、モニタリングし、個人が計画的に業務を遂行できるようにしていく必要がある。これを組織編成、業績管理、目標管理、人事管理として公式化（管理の見える化）していくことが重要である。中堅・中小企業は資本と経営が未分離であることが多く、資本家であり経営者のみの裁量でマネジメントされていることが多い。そのため、個人が納得して組織に貢献できるような誘因を明確にするため、経営管理において管理の見える化が最も有効な方法であり、主として労働生産性の向上策の一例を示したので参考としていただきたい。

　最後に「オペレーション」では、業務プロセスを効率的に運用することで生産性を向上させる考え方と方法論を製造・サービス提供機能と小売・卸機能に章を分けて解説した。製造・サービス提供機能では、設備導入やＩＥ活用などにより新たな製品やサービスを開発すること、既存製品・サービスに新たなサ

ービス機能を追加することなどの高付加価値化（付加価値率の向上）、既存製品・サービスを効率的に提供できるようプロセス改善することなどの投資の高回転率化（資本回転率の向上）の２つの方向がある。小売・卸機能では、売れ筋商品の品揃えやＳＣＭによる物流効率化など概ね店舗や物流投資の高回転率化（資本回転率の向上）を中心とした方法となる。

　以上は、中堅・中小企業の研究やフィールドワーク、コンサルティング実績の中からイノベーションを手段とした生産性向上という視点から解説し、紹介してきた。厳密な統計分析から導き出した方策ではないが、実際に指導したコンサルティング実績からの有効な仮説にもとづいた実践的な生産性向上のための解決策の１つであると考えている。本書は、関西生産性本部の60周年記念行事の一環として一つの節目、通過点でまとめたものであり、いかに生産性向上をしていくかに日々腐心している中堅・中小企業の経営者の方々、日常的に中堅・中小企業の生産性向上を支援している専門家・中小企業支援者の方々にとって有益なものとなることを願ってやまない。

引用・参考文献

【序章】

青山秀明・家富洋・池田裕一・相馬亘・藤原義久・吉川洋［2012］『中小企業の労働生産性：労働者数と労働生産性分布に見る高生産性中小企業』RIETI Discussion Paper Series 12-J-026

赤松健治［2013］『中小企業の収益力と生産性の動向』商工総合研究所

後藤康雄［2014］『中小企業のマクロ・パフォーマンス：日本経済への寄与度を解明する』日本経済新聞出版社

中小企業庁［2008］『2008年版 中小企業白書』

戸堂康之［2010］『途上国化する日本』日本経済新聞出版社

戸堂康之［2011］『日本経済の底力：臥龍が目覚めるとき』中公公論新社

中村秀一郎［1964］『中堅企業論』東洋経済新報社

藤田昌久・長岡貞男編著［2011］『生産性とイノベーション・システム』日本評論社

西野和美［2015］『自走するビジネスモデル』日本経済新聞出版社

ポーター, M.E.［1985］『競争優位の戦略』（土岐坤・中辻萬治・小野寺武夫訳）ダイヤモンド社

守山久子・日経デザイン［2015］『バルミューダ 奇跡のデザイン経営』日経ＢＰ社

【第1章】

日本生産性本部［2012］『生産性革新と社会経済の未来』日本生産性本部生産性労働情報センター

梶浦昭友編著［2016］『生産性向上の理論と実践』中央経済社（「第5章 生産性と成果の配分」73-92頁）

中小企業庁編［2015］『2015年版 中小企業白書「法人企業の主要財務・損益状況と財務指標」』

財務省［2015］「法人企業統計年報（平成26年度）業種別財務営業比率表」

中小企業診断協会編［2015］『平成25年調査 中小企業実態基本調査に基づく中小企業の財務指標』同友館

花岡正夫・丸山啓輔［1990］『経営学総論』白桃書房
岸川善光［2002］『図説 経営学演習』同文舘出版

【第2章】
神谷蒔生・竹内裕［1987］『参画型中・長期経営計画』同文館出版
森信静治・川口義信［1990］『企業買収・合併の実践法務』日本経済新聞社
石井淳蔵・奥村昭博・加護野忠男・野中郁次郎［1996］『経営戦略論』有斐閣
金子登志雄［1999］『中小企業のためのM＆A戦略　成功のポイント』岡山経済研究所
中小企業庁［2016］『2016年版 中小企業白書概要』

【第3章】
関西生産性本部編［2008］『中小企業経営診断の実務』ＴＡＣ出版
バーナード，C・I［1968］『経営者の役割』（山本安次郎・田杉競・飯野春樹訳）ダイヤモンド社
ナドラー，デービット.A.・ショー，ロバート.B.・ウォルトン，A.エリーズ［1997］『不連続の組織変革』（平野和子訳）ダイヤモンド社
森本昭文［2000］『役割主義人事』東洋経済新報社
安田弘［2012］『中小企業組織革新の進め方』ＴＡＣ出版

【第4章】
渡辺高志［2002］『目で見る管理テクニック』日本プラントメンテナンス協会
正木英昭［2008］『会社のすべてを「見える化」する実務』中経出版
清水　滋［1978］『サービスの話』日本経済新聞社
工藤市兵衛・鈴木達夫・福田康明・野村重信・中村雅章・近藤高司［1994］『現代生産管理』同友館

【第5章】
石原武政・竹村正明編著［2008］『１からの流通論』碩学舎

角井亮一［2015］『オムニチャネル戦略』日本経済新聞出版社

大阪市都市型産業振興センター［2013］『卸売機能の産業間分業の動向に関する調査』

関西生産性本部編［2008］『中小企業経営診断の実務』ＴＡＣ出版

経済産業省［2005］『卸売業の動向と構造変化について』平成17年４‐６月期発表

経済産業省［2010］『「消費者購買動向調査」リーマンショック以降の日本の消費者の実像』資料

経済産業省［2015］『平成26年度我が国経済社会の情報化・サービス化に係る基盤整備（電子商取引に関する市場調査）』報告書

国土交通省編［2013］『国土交通白書 2013』

総務省編［2012］『平成24年版 情報通信白書』

総務省［2015］『「平成26年通信利用動向調査」平成26年通信利用動向調査ポイント』資料

信金中央金庫地域・中小企業研究所［2011］『商店街活性化に求められるコミュニティ支援機能』ＳＣＢ地域調査情報23‐1

信金中央金庫地域・中小企業研究所［2012］『中小卸売業の経営環境と景況感』ＳＣＢ産業企業情報24‐6

田島義博編著［1989］『インストア・マーチャンダイジング』ビジネス社

田島義博［2001］『インストア・マーチャンダイジングがわかる→できる』ビジネス社

中小企業金融公庫総合研究所［2005］『中小卸売業における新たな事業展開』中小公庫レポートNo.2005‐5

中小企業庁編［2015］『2015年版 小規模企業白書』

野村総合研究所［2000、2003、2006、2009、2012、2015］『生活者１万人アンケート調査』

日本政策金融公庫総合研究所［2014］『中小卸売業の生き残り戦略』日本公庫総研レポートNo2014‐5

宮下正房監修、関口壽一・三上慎太郎・寺嶋正尚［2008］『卸売が先進企業になる法』日刊工業新聞社

洋泉社ＭＯＯＫ［2015］『なぜあの商品は高くてもうれるのか』洋泉社

洋泉社MOOK［2016］『業界大予測2016』洋泉社
流通経済研究所編［2016］『インストア・マーチャンダイジング』日本経済新聞出版社

編者・著者紹介

【編　者】
公益財団法人 関西生産性本部
関西において経営者、労働者、学識経験者の三者構成を基本に社会各層の参加を得て、時代の要請に応じた生産性運動を推進することによって、健全な労使関係の確立と内外の調和ある経済発展を図り、ひいては個が活かされる豊かな社会の構築に寄与することを目的として、1956年4月に設立された公益財団法人。事業としては、企業経営、労使関係、地域の経済社会システムなどの調査研究・普及および人材育成、経営診断・指導、受託教育など。［ホームページ　http://www.kpcnet.or.jp］

【著　者】
金井　一頼（かない　かずより）　　担当：序章
大阪商業大学総合経営学部　教授
公益財団法人関西生産性本部　評議員・中堅企業経営委員会副委員長
1949年北海道生まれ。神戸大学大学院経営学研究科博士後期課程単位取得、博士（経済学・大阪大学）。北海道大学大学院教授、大阪大学大学院教授を経て2012年4月より現職。大阪大学名誉教授。専門は経営戦略論、ベンチャー経営論。『日本の産業クラスター戦略』（共著、有斐閣）、『ベンチャー企業経営論』（共著、有斐閣）、『経営戦略』（共著、有斐閣アルマ）他、著書多数。公的委員多数就任。

安田　弘（やすだ　ひろし）　　担当：第1章・第3章・終章
公益財団法人関西生産性本部　経営革新部長・経営コンサルタント
1963年京都府生まれ。名古屋大学経済学部卒業後、大手生命保険会社を経て現職。経営革新、組織・人事改革のコンサルティング、企業内研修講師、大阪経済大学経営学部・非常勤講師、全国被害者支援ネットワーク・マネジメントアドバイザーなどに従事。中小企業診断士、中小企業事業再生マネージャー、経営学修士、国家資格キャリアコンサルタント、（公財）日本生産性本部認定経営コンサルタント。著書に『中小企業組織革新の進め方』（ＴＡＣ出版）、『中小企業経営診断の実務』（共著、ＴＡＣ出版）、『明日はこうなる人事とキャリア』（共著、ＴＡＣ出版）。

越谷　重友（こしたに　しげとも）　　担当：第2章
公益財団法人日本生産性本部　参与経営コンサルタント
1937年鳥取県生まれ。早稲田大学法学部卒業後、慶応義塾大学ビジネススクール修了、キリンビール株式会社流通開発部参与審議役を経て現職。（公財）日本生産性本部参与経営コンサルタント、（公財）関西生産性本部パートナーコンサルタントとして、企業経営全般の診断・指導、人材育成、事業承継、M&A、経営統合支援に従事。中小企業大学校東京校中小企業診断士課程指導講師、および信用保証協会審査担当者養成課程指導講師を歴任、現（公財）日本生産性本部中小企業診断士コース講師にも従事。（公財）日本生産性本部認定経営コンサルタント。書著に『ケースで学ぶ経営学』（共著、学文社）、『ＨＢＡ』（共著、生産性出版）。

杉村　光二（すぎむら　みつじ）　　担当：第4章
有限会社 サミット・ラボ　代表取締役　経営コンサルタント
1941年兵庫県生まれ。同志社大学大学院工学研究科修士課程修了後、東証一部総合化学会社を経て、経営コンサル会社にて経営コンサルタント、大学非常勤講師歴任。経営者、後継者、経営幹部能力向上教育および体制作り、経営品質向上、経営革新、生産現場管理監督者の能力向上、現場改善、５Ｓ・ＱＣ推進、業務改善、管理システム改善などの支援従事。中小企業診断士、技術士（経営工学）。

志賀　公治（しが　きみはる）　　担当：第5章
コンサルティング・パートナー"ＡＵＢＥ"代表
1955年広島県生まれ。大阪工業大学工学部卒業後、中堅チェーン小売業を経て現職。小売業を中心に現場感覚のコンサルティングを実践、全国商店街支援センター・各中小企業支援センター・商工会議所・企業等で商業活性化や経営革新、創業支援、企業再生支援、セミナー・研修講師などに従事。特に開業・創業支援では100店舗以上の実績がある。中小企業診断士、商業施設士。

中堅・中小企業の生産性向上戦略

2016年11月3日　発行

編　者	公益財団法人 関西生産性本部 ©
著　者	金井 一頼／安田 弘／越谷 重友／ 杉村 光二／志賀 公治 ©
発行者	小泉 定裕

発行所　株式会社 清文社

東京都千代田区内神田1－6－6（MIFビル）
〒101-0047　電話 03(6273)7946　FAX 03(3518)0299
大阪市北区天神橋2丁目北2－6（大和南森町ビル）
〒530-0041　電話 06(6135)4050　FAX 06(6135)4059
URL http://www.skattsei.co.jp/

印刷：㈱廣済堂

■著作権法により無断写複製は禁止されています。落丁本・乱丁本はお取り替えします。

ISBN978-4-433-41276-0